Leo G. Linder

Die Loire,
des Lebens ganze Süße

Ein Reisebuch für Weinliebhaber und
Geniesser feiner Speisen

Edition Fluvia
herausgegeben von Monika Keuthen
Band 3

Daedalus

Originalausgabe

Copyright © 2008 by
Daedalus Verlag, Joachim Herbst
Oderstr. 25 · D–48145 Münster
Lektorat: Mendlewitsch + Meiser, Düsseldorf
Umschlagentwurf, Gesamtherstellung:
Jan van der Most, Düsseldorf
Printed in Germany
ISBN 978-3-89126-244-3
www.daedalusbuch.de

Bildquellen
Coverabbildung: Leo G. Linder
Vorsatz: Leo G. Linder
Innenteil: Jan van der Most, Seite: 20, 80
Werner van der Most, Seite: 109
alle weiteren Abbildungen: Leo G. Linder, Düsseldorf
Illustrationen: Ina Sartor, Köln

Inhalt

Eine Gastgeberin von überwältigender Liebenswürdigkeit

„Wenn man aus der Bretagne kommt", sagt meine bretonische Freundin Claire, „belebt vom frischen Wind, dann übermannt einen an der Loire bald ein schläfriges Behagen, eine selige Erschlaffung. Die Loire ist Stille und Harmonie, und wer sich längere Zeit der Schönheit dieses Flusses aussetzt, der hat nur noch einen Wunsch: zu bleiben."

So ist es auch mir ergangen. So ergeht es mir jedes Mal an der Loire. Und ich sage es gleich: Ich bin parteiisch. Ich bin ein Parteigänger der Loire. Für mich ist sie die Königin unter den Flüssen Europas. Welcher andere Fluss käme für diese Rolle sonst infrage? Die Donau? Sie ist die imposante Einzelgängerin ohne dynastische Ansprüche, die große Ewig-Unbekannte. Oder der Rhein? Unzweifelhaft der König unter den europäischen Flüssen – dynamisch, energiegeladen und sentimental zugleich. Aber so hoheitsvoll und gleichzeitig so hinreißend, wie man sich eine Königin vorzustellen hat, ist allein die Loire. Heute sanft, charmant und durchaus nicht uneitel, kann sie sich morgen schon kapriziös, exzentrisch und impulsiv geben – und bleibt dabei doch stets verführerisch. Von so außergewöhnlichem Zauber ist die Loire, dass sie alles in Schönheit verwandelt, was in ihre Nähe kommt. Und wie der unscheinbarste Mensch aufblüht in der Gegenwart einer Gastgeberin von überwältigender Liebenswürdigkeit und Souveränität, so verwandeln sich alle Landschaften und Orte in Reichweite der Loire zu einem Freudenfest für das Auge – und andere Sinne.

Und damit genug der Metaphern. Tatsache ist, dass sich im Loiretal eine Lebensweise entwickelt hat, die nur als epikureisch bezeichnet werden kann. Hatte der Fluss wirklich Anteil daran? Ich glaube, ja. Jedenfalls fällt mir die Vorstellung nicht schwer, die Natur könnte sich an der Loire Menschen nach ihrem Bilde geschaffen haben. So wie dem Fluss am Mittel- und Unterlauf alles

Das hätte den Surrealisten gefallen – Hummer begegnet Mülltonne. Ort dieses seltsamen Zusammentreffens ist ein Fischmarkt bei Le Croisic.

Schroffe, Dramatische, Düstere abgeht, so wie dort alles Licht und Weite ist, so ist auch die Lebensart der Menschen in den Dörfern und Städten der Loire Ausdruck einer tief verwurzelten Heiterkeit und Ausgeglichenheit. Vielleicht, denke ich mir, schleicht sich ein so glückliches Temperament über den Schönheitssinn ein, der sich, unentwegt angeregt, ja nicht allein auf das Auge beschränkt.

Wo aber mit der Loire beginnen? Ein Fluss ist ja kein Ort. Er ist nichts als Weg, ein schmales, schimmerndes Band, das die Horizonte miteinander verbindet, unaufhörliche Bewegung, und wer sich einen Fluss als Reiseziel ausgesucht hat, muss selbst zum Weg, muss selber zur Bewegung werden. Diesmal will ich flussaufwärts fahren und an der Mündung beginnen, in der Bretagne also, und den frischen, belebenden Westwind nutzen. So wie die Handelsschiffe der Reeder von Nantes zu ihrer Zeit, die beladen mit Zucker, Baumwolle und Kaffee von den Antillen zurückkommend die Loiremündung ansteuerten, und wie die Gabarres, die schweren Lastsegler der Loire mit den großen, rechteckigen Segeln. Diese belieferten die Zuckerfabriken und Schokoladenmanufakturen am Fluss mit süßem Nachschub aus der Karibik, wenn sie nicht gerade Weinfässer oder Tuffsteine für die Schlossbaustellen entlang der Loire geladen hatten. Und so gesehen, nämlich vom Atlantik aus, ist die erste Stadt am Fluss Le Croisic.

Ja, das hier ist noch die Bretagne, unverkennbar. Bretonisch die wilde Steilküste mit den Kormorankolonien auf den vorgelagerten Felseninseln im gleißenden Meer, bretonisch die weit hinausreichenden Felder aus braunen, schrundigen Felsrippen, wo sich an diesem Samstag Heerscharen von Muschelsammlern mit Keschern und bunten Plastikeimerchen tummeln, bretonisch die freistehenden, märchenschlossähnlichen Villen aus grauem Granit am Strand – manche davon Hotels, und manche davon entsetzlich einladend – und bretonisch auch die himmelblauen, erdbeerroten und rosmaringrünen Türen und Fensterläden der Häuser von Le Croisic, diesem bezaubernden Hafenstädtchen an der Nordwestspitze des weit aufgerissenen Mündungsrachens. Aber – hat dieser Ort noch irgendetwas mit der Loire zu tun?

Gefühlsmäßig schon. Denn in der lichtdurchfluteten, von einem gleichmäßigen freundlichen Gemurmel erfüllten Markthalle von Le Croisic begegne ich dieser unübersehbaren, unüberhörbaren Zufriedenheit wieder, der nichts Selbstgefälliges anhaftet, sondern schlichte Genugtuung darüber ist, was das Leben alles zu bieten hat, eine Art kreatürlicher Dankbarkeit, die in direktem Zusammenhang mit dem steht, was da auf den Tischen der lebhaft-freundlichen Händler ausgebreitet liegt: ein herzerquickendes Angebot an Käsesorten, Würsten, Terrinen, Pasteten, Muscheln, Austern, gehäuteten Kaninchen, Perlhühnern, Trauben, Nüssen, Pilzen, Schnecken und säckeweise Salz aus der Nachbarstadt Guérande. Natürlich kennt man das auch aus anderen Teilen Frankreichs,

Unverkennbar bretonisch, diese Leidenschaft für Üppigkeit. Türen, Fenster und Blumenschmuck dieser Hausfassade bilden eine wohl durchdachte Komposition. Besonders beliebt: Hortensien.

diese konzentrierte Bedächtigkeit, mit der sich Junge und Alte durch einen Markt bewegen, die Hälse recken, die Augen wandern lassen, dieses komplizenhafte Einverständnis zwischen Käufern und Verkäufern, das sich aus einem Vor- und Mitgefühl angesichts herannahender Gaumenfreuden speist. Doch an der Loire ist mir dies alles immer besonders aufgefallen. Darüber hinaus gibt es einen hieb- und stichfesten, quasi wissenschaftlichen Grund, hier trotz Felsküste und offener See immer noch von der Loire zu sprechen, und den liefert mir freundlicherweise die Salinenarbeiterin, die mich bei sinkender Sonne durch die Salzgärten von Guérande führt.

Im Reich der Salzblume

Dieses Salz ist der erste kulinarische Höhepunkt meiner Reise. Denn das Salz von Guérande ist Meersalz wie es die Römer gewonnen haben und die Phönizier wahrscheinlich auch, das also nicht zu Millionen Tonnen im Jahr industriell produziert wird, indem man riesige Mengen Meerwasser auf große Flächen pumpt und dann mechanisch erntet, das vielmehr mit großem Geschick und ebenso großer Geduld in Handarbeit gewonnen wird – mal dreitausend Tonnen im Jahr, wenn der Sommer verregnet war, und mal 27 000, wenn die Sonne von Mai bis September regelmäßig geschienen hat und ein leichter Wind gleichmäßig über die Verdunstungsbecken gestrichen ist. Grau und grob ist dieses Salz, weil es nicht gewaschen wird, aber reich an Magnesium und Mineralien, und so mild, so wohlschmeckend, das es längst fester Bestandteil jeder guten Küche geworden ist – nicht nur in Frankreich. Und wo beginnt nun der Hauptkanal, den die Salzgärtner jeweils bei Vollmond und bei Neumond öffnen, wenn die Flut am höchsten steigt, um frisches Meerwasser in ihre Kanäle und Auffangbecken zu leiten? Nein, nicht südlich von Guérande, wo die Beimischung von Loirewasser im Meer immer noch so stark ist, dass der Salzgehalt nur 25 Gramm pro Liter beträgt! Sondern an der Westküste, wo das Atlantikwasser auf den gewöhnlichen Salzgehalt von 33 Gramm pro Liter kommt. Diese acht Gramm weniger, auf die kommt es mir an. Die reichen mir als Rechtfertigung dafür, meine Loirereise hier an der Küste zu beginnen.

Ich hätte ungern auf Guérande verzichtet. Ich liebe den Anblick der kunstvoll angelegten Verdampfungsbassins, die den Himmel taubengrau oder malvenfarben widerspiegeln, eingebettet in eine struppige Marschlandschaft, wo Graureiher zu jeder Tageszeit den Aalen auflauern, die sich mit dem Meerwasser eingeschlichen haben. Ich mag dieses mittelalterlich anmutende Städtchen mit seiner wuchtigen Kirche und dem unversehrten Ring seiner Stadtmauer. Und ich vernehme gerne den Anflug von Stolz in der Stimme eines Salinenarbeiters, wenn er von seiner Arbeit erzählt: Wie sich nach etwa einer Woche die Fleur de Sel, die Salzblume, auf der Wasseroberfläche zeigt, das feine, weiße Salz, das ganz behutsam mit einem stumpfen Rechen abgeschöpft werden muss,

Nach getaner Tat – Verdampfungsbecken bei Guérande im Abendlicht. Die Fleur de Sel, die Salzblume, häuft sich auf den kleinen Halbinseln aus Lehm.

und wie sich gegen Ende der zweiten Woche dann auf dem Grund ein Schlamm aus grobem, grauem Salz bildet, der mittels langstieliger Schieber zügig auf die kleinen, halbrunden Inseln am Beckenrand gehäuft wird – wie vor tausend oder zweitausend Jahren.

Die Salzgärten von Guérande ernähren heute 250 Familien. Das große Geschäft ist es nicht mehr. Das war es früher, als die meisten Salinen den Reedern jener Fangflotten gehörten, die vor Neufundland Hering und Kabeljau fingen und dafür große Mengen Pökelsalz benötigten. Das bretonische Salz war damals ein äußerst begehrtes Handelsgut, und nicht nur das. Für die Menschen aus Guérande war es das einzige Zahlungsmittel. Und weil in diesem Marschland nichts Essbares wuchs, waren Generationen von Salzarbeitern gezwungen, mit ihren Maultieren die Bretagne zu durchwandern, von Gehöft zu Gehöft, von Dorf zu Dorf, um ihr Salz gegen Lebensmittel zu tauschen. Aus ihrer Heimatstadt zogen sie in regelrechten Salzkarawanen los – und zwar im Winter, von Oktober bis Februar. Und während die einen die Straße nahmen, fuhren andere in Booten die bretonische Küste entlang, von Hafen zu Hafen, und nahmen die eingetauschten Waren an Bord. Eine bemerkenswert gut organisierte Operation – der Süden der Bretagne war sogar in festgelegte Geschäftsbezirke eingeteilt, die vom Vater auf den Sohn vererbt wurden. Erst Mitte des 19. Jahrhunderts war es mit dieser Spielart des großen Fischzugs vorbei.

14

Poularde in grobem Salz
ZUBEREITET VON DEM KÜCHENCHEF
JEAN ROBERT IN GUÉRANDE

WEINEMPFEHLUNG
ein Insolite 2005 der Domaine des Roches Neuves

ZUTATEN FÜR 6 PERSONEN
*1 Poularde (1,6–1,8 kg), gemahlener Pfeffer,
3–4 kg grobes Guérande-Salz*

ZUBEREITUNG IN 110 MINUTEN

Das Schöne an diesem einfachen Rezept ist, dass die Poularde
herrlich saftig bleibt. Also: Die Poularde ausnehmen und innen
mit Pfeffer einreiben. Mit einem Faden zusammenbinden und
darauf achten, dass alle Öffnungen gut verschlossen sind. Einen
Schmortopf mit Alufolie auskleiden und eine Lage Salz (ca. 3 cm
hoch) auf dem Boden des Schmortopfs auslegen. Die Poularde
mit dem Bauch nach unten hineinlegen und Salz darübergeben,
bis sie vollständig bedeckt ist. Den Backofen auf 250 Grad vorheizen, dann die Poularde ohne Deckel 90 Minuten backen
lassen. Sie schmort so im eigenen Saft, das Fleisch bleibt dabei
zart und trocknet nicht aus. Dann ein Holzbrett oder eine große,
flache Schale bereitstellen und die Poularde darauf stürzen. Die
Alufolie abnehmen und die Salzkruste zerschlagen, sodass die
goldbraune Poularde auf dem Rücken liegend zum Vorschein
kommt.

Wie aus Tausendundeiner Nacht

Adieu Guérande. Weiter geht's, mit ein paar Säckchen Salz im Kofferraum, nach La Baule, vorbei an den kilometerlangen Balkonreihen mit Meerblick, siebenfach übereinandergeschichtet, vorbei an dem schier endlosen Strandstreifen, auf dem das Badeleben zu dieser Jahreszeit allmählich erstirbt, vorbei an den spitzgiebligen Granitvillen. Im Morgendunst tauchen die kolossalen Trockendocks der Werften von St. Nazaire auf, graue, geometrische Schemen im milchigen Licht, und bald darauf die St. Nazaire-Brücke, die in schwindelerregender Höhe die Mündung überspannt, eine Art Golden Gate Bridge für die Loire. Ein Frachtsegler, von den Antillen kommend, hätte bis hierhin 6 700 Kilometer zurückgelegt, nach vierwöchiger Fahrt. In der nächsten Stunde würde er in Paimbœuf anlegen, würde der Kapitän sich auf sein Pferd schwingen, im Galopp nach Nantes reiten und seinen Reeder vom glücklichen Verlauf der Fahrt unterrichten. Der würde daraufhin, mit sich und der Welt im Reinen, ein Tässchen Kaffee trinken, ein Gläschen Rum kippen und seine ondulierten Schoßhündchen zur Feier des Tages mit Zuckerwürfeln füttern – wie auf dem großformatigen Ölgemälde zu sehen, das in einem der Stadtpaläste zu Nantes von der alten Reederherrlichkeit kündet.

Heute haben die Häuser von Nantes an trüben Tagen die Farbe der Seiten alter Auftragsbücher. Es bröckelt hier und da. Schimmel frisst sich die Wände hoch. Im Hafen ein einziges Schiff. Die zweihundert Jahre Niedergang sind an solchen trüben Tagen vom Stadtbild abzulesen. Aber noch steht sie, die Île Feydeau, das ehemals noble Quartier der Nanteser Reeder, noch ranken sich die eleganten schmiedeeisernen Balkone die stolzen Fassaden hinauf, noch schauen sie aus ihrer Höhe über den Portalen auf einen herab, die Maskenreliefs von exotischen Wilden, von Königen irgendwelcher Märcheninseln, von bärtigen Seeleuten mit forschem Blick. Das alles war einmal ganz prächtig, hanseatisch prächtig, im 18. Jahrhundert, als Nantes das Zuckermonopol für ganz Frankreich besaß, als ein Dutzend Zuckerraffinerien im Stadtgebiet arbeitete. Und es ist immer noch eine stimmungsvolle Kulisse für Feinschmeckerrestaurants und Galerien.

Die Reeder von Nantes verheimlichten keineswegs, woher ihr Reichtum kam, nämlich vom Menschenhandel mit afrikanischen Sklaven.

Um 1720, bei Baubeginn, war die Île Feydeau tatsächlich eine Insel vor Nantes gewesen, von zwei Flussarmen umschlossen. Die Inselform ist heute noch erkennbar, obwohl statt der Loire längst der Straßenverkehr um die Île Feydeau herumfließt. Jules Verne wurde hier geboren, als die Auftragsbücher schon nicht mehr ganz so prallvoll wie gewohnt waren, und wenn er als Kind seinen „Robinson Crusoe" einmal aus der Hand legte und aus dem Fenster schaute, sah er Schiffsmasten draußen vorübergleiten. Dann träumte ihm des Nachts bisweilen, die Île Feydeau würde sich mit dem ganzen Ensemble ihrer Stadtpaläste bei Eisgang oder Hochwasser aus ihrer Verankerung im sandigen Loirebett losreißen und führerlos dem offenen Meer entgegentreiben.

Sie hätten ein solches Strafgericht wohl verdient gehabt, die Herrschaften in ihren hell erleuchteten Salons. Denn diese hündchenstreichelnden Männer betrieben das, was man mit einer unverfänglichen Abstraktion als Dreieckshandel bezeichnete und in Wahrheit Menschenhandel war. Sklavenhandel. So war Nantes im 18. Jahrhundert reich geworden. Selbstverständlich ist kein Reeder je dabei gewesen, wenn eines seiner Schiffe in einen afrikanischen Fluss einlief und gegenüber einer europäischen Handelsniederlassung vor Anker ging, wenn sein Kapitän den Tausch von Stoffen, Spiegeln, Messern, Branntwein und Gewehren gegen Menschen überwachte und die neue Ware unter Deck gestapelt wurde, wenn ein solches Schiff als nächstes die Antillen ansteuerte – eine Reise von wenigstens sechs Wochen – und die Überlebenden nach ihrer Ankunft erst einmal aufgepäppelt wurden, des vorteilhafteren Erscheinungsbildes dieser Männer, Frauen und Kinder wegen, bevor mit dem Erlös aus ihrem Verkauf schließlich Zucker, Kaffee, Baumwolle und Indigo erworben werden konnten, das Sklavenschiff sich wieder in ein ganz gewöhnliches Handelsschiff zurückverwandelte und die Heimreise angetreten wurde. Wer 1994 die große Ausstellung über den Dreieckshandel im Schloss von Nantes gesehen hat, der weiß, dass diese Reeder kein Kavaliersdelikt begingen und dennoch hoch angesehene, fromme Leute waren, die ihrer Stadt Waisenhäuser und dergleichen spendierten. Jules Verne wird als Heranwachsender Zeuge leidenschaftlicher Kontroversen im elterlichen Salon gewesen sein, denn sein Vater war ein liberaler Anwalt, und die Nachbarn der Familie Verne waren eben jene braven Männer, deren Schiffe vor nicht allzu langer Zeit noch den Atlantik befahren hatten, mit fünf- bis sechshundert gefesselten Afrikanern an Bord.

Wie in der Weltgeschichte üblich, in der sich die Skrupellosigkeiten von Fürsten und Kaufleuten über kurz oder lang in Schönheit, Stil und Luxus verwandeln, ist auch den Nantesern aus dieser Zeit etliches verblieben, was man nur mit größtem Wohlgefallen zur Kenntnis nehmen kann. So liebt man es in Nantes immer noch süß. Gerade erlebt der Gâteau Nantais seine Renaissance, ein mürber Kuchen aus Zucker, Vanille, Mandeln und Rum. Selbstverständlich ist er ein Produkt des Dreieckshandels. In fest verschlossenen Dosen aufbewahrt, bereicherte er den Speiseplan der Schiffsmannschaften auf den langen Fahrten nach Afrika und den Antillen. Und der Gâteau Nantais ist nur ein Beispiel für den Einfallsreichtum der Nanteser auf dem Gebiet der Süßigkeiten, Nachspeisen, Plätzchen und Pralinen. Das ganze Angebot bestaune man am besten in einem jener noblen Schokoladengeschäfte im Stil des späten 19. Jahrhunderts, deren Besuch sich schon wegen ihres nachgerade wollüstigen Interieurs aus Marmor, Spiegeln, Lüstern, Fußbodenmosaiken und Blattgoldverzierungen lohnt.

Ein Traum aus Tausendundeiner Nacht – *La Cigale* in Nantes, eine Brasserie im üppigsten Fin-de-siècle-Stil. Hier kommen Auge und Zunge auf ihre Kosten.

Ja, und dann gibt es in Nantes natürlich die berühmteste Grille der Welt, *La Cigale*. Seit 1895 zirpt und singt sie an der Place Graslin gegenüber dem Theater, lautlos natürlich, denn ihr Gesang besteht aus Farben, aus Farbenpracht und Formenlust – ein Zeugnis für die ornamentale Trunkenheit des Fin de Siècle. *La Cigale*, das sind vier große, hohe Räume in einem Jugendstil wie aus Tausendundeiner Nacht, und während draußen der Verkehr auf der Place Graslin braust, fällt drinnen der unermüdlich wandernde Blick auf riesige, goldgerahmte Spiegel, orientalische Torbögen und schimmernde Kacheln in Türkis und Dunkelrot, nachgedunkelte Genreszenen mit Blumenverkäuferinnen und vornehmen Damen mit Sommerhüten und Girlanden aus Schnitzwerk und gedrechselten Balken. Alles hier changiert zwischen grotesk und märchenhaft, und man glaubt gern, dass sich die Surrealisten hier wohlgefühlt haben, dass André Breton ein häufiger Gast hier war, dass die Cigale jahrzehntelang der beliebteste Treffpunkt der Bürger und Honoratioren von Nantes war, die sicher sein konnten, spät abends an diesem fabulösen Ort den Schauspielerinnen und Tänzerinnen des benachbarten Theaters zu begegnen.

19

Frische Austern und dazu ein frischer Muscadet – so sollte man in Nantes den Abschied vom Meer feiern.

Als eher seltener Gast muss ich mich in der Cigale zunächst einmal akklimatisieren. Ich tue das, indem ich die Gäste beobachte, die Neulinge, die diese Pracht anfangs nur verstohlen aus den Augenwinkeln studieren, bis sie ihrer Neugier immer freieren Lauf lassen, und die anderen, die hier offenbar ein- und ausgehen und in der Cigale nichts anderes als ein besonders üppig dekoriertes Brauhaus sehen – was sie ja von Anfang an auch war und bis heute sein will. Weshalb die beschürzten Kellner mit ihren Gästen gelassen-freundlich verkehren, in einer offenen Art, die den Neulingen schnell über ihre Befangenheit hinweghilft, und das Auf- und Abtragen der Speisen mit einer Behendigkeit geschieht, wie sie Brauhauskellnern zu eigen ist.

Mir ist nach Austern zumute. Sie werden auf hohen, langbeinigen Platten in einem Bett aus Eis gebracht und schmecken mir nirgendwo besser als hier. Auch der Muscadet ist erstaunlich, und wenn man nicht ganz außer Acht lässt, dass diese Grille eben eine Brasserie ist, sind das Seebarschfilet à la plancha und die Zitronentorte mit Basilikum ebenfalls sehr gut. Bei der abschließenden Tasse äthiopischen Sidamokaffees erscheint mir das Konzept des hiesigen Küchenchefs Gilles Renault jedenfalls überzeugend: eine loiretypische Küche, die sich in Nantes schon aus historischen Gründen zum Meer und zu anderen Kontinenten hin öffnen muss. Und dazu eine beachtliche Auswahl an hervorragenden Muscadetweinen, die länger im Gedächtnis bleiben als jene, die man bei uns gewöhnlich bekommt, aber die von ihrem besonderen Charakter nichts eingebüßt haben. Immer noch sind sie leicht wie eine Sommerbrise am Meer und frisch wie ein Gebirgsflüsschen, das über Felsen sprudelt. Das nebenstehende Rezept stammt von ihm, von Gilles Renault, und ich könnte mir denken, dass sich beim Genuss seiner Jakobsmuscheln eine Ahnung von dem einzigartigen Ambiente des Hauses einstellt, in dem er arbeitet: La Cigale in Nantes.

Jakobsmuscheln mit Kartoffeln und geräucherter Speckwurst

ZUBEREITET VON DEM KÜCHENCHEF
GILLES RENAULT AUS DEM *La Cigale* IN NANTES

WEINEMPFEHLUNG
ein Jahrgangsmuscadet sur Lie

ZUTATEN FÜR 4 PERSONEN

24 ausgelöste Jakobsmuscheln, 600 g kleine festkochende Kartoffeln,
(etwa von derselben Größe wie die Jakobsmuscheln),
4 Scheiben Speckwurst
ZUTATEN FÜR DIE BEURRE BLANC À LA CIGALE:
120 g klein gehackte Schalotten, Weißwein, 7 cl Sherryessig,
200 g Butter, Fleur de Sel (weißes Guérande-Salz), Kerbel

ZUBEREITUNG IN 40 MINUTEN

Bei Ihrem Fischhändler 24 schöne Jakobsmuscheln öffnen lassen.
Die Muscheln aus der Schale lösen und mehrmals waschen. Die
Kartoffeln in der Schale kochen und anschließend pellen. In
kleine Zylinder von derselben Höhe wie die Jakobsmuscheln
schneiden (etwa 2 cm) und warmhalten.
Die Schalotten für die Beurre blanc in einer Kasserole sanft anbraten, mit Weißwein und Essig ablöschen. Unter ständigem
Rühren bei reduzierter Hitze so lange köcheln lassen, bis die
Flüssigkeit fast verdampft ist. Die Kasserole vom Herd nehmen
und die in Stücke zerteilte Butter dazugeben. Leicht würzen
und ebenfalls warmhalten. Jetzt die Muscheln in der Pfanne à la
plancha braten (2 Minuten jede Seite). Dasselbe mit den 4 Wurst-
scheiben machen. Zum Schluss alles hübsch auf dem Teller anrichten. Die Kartoffeln mit ein wenig Beurre blanc übergießen.
Weißes Guérande-Salz über die Muscheln und die Kartoffeln
geben und mit dem grob gehackten Kerbel dekorieren.

Die Stadt der zerronnenen Träume

Eigentlich finde ich – wobei mir klar ist, dass ich hier nicht mitzureden habe –, eigentlich also finde ich Großstädte ganz unpassend für die Loire. Städte von mittlerer Dimension aus cremefarbenem Tuffstein wie Saumur oder das mittelalterlich anmutende Beaugency mit seinen abgewetzten, grauen Mauern und engen Gassen haben für eine Loirestadt das ideale Format. Dazu dürfen noch beliebig viele Winzerdörfer kommen, schön unaufgeräumt, und Schlösser jeder Größe sowie Windmühlen, die ihre Flügelarme segnend, wenn ich so sagen darf, über endlose Reihen von Rebstöcken recken – aber Großstädte wie Angers, Tours und Orléans? Zu aufregend, zu hektisch, die reißen einen nur aus seinen Träumen, weshalb ihre Chancen, Ziel meiner Loirereise zu werden, schlecht sind.

Nantes allerdings macht eine Ausnahme. Nantes würzt die Süße des Lebens zwischen zwei Schlucken Muscadet mit der Melancholie zerronnener Träume von Reichtum, Macht und Abenteuer, und deshalb möchte ich die Stadt nicht verlassen, ohne Trentemoult besucht zu haben, das alte Schifferviertel von Nantes – farbenfrohe, kleine Häuser und üppig rankende Rosen in winzigen, halbverwilderten Gärten, alles eng und verschachtelt, eine Welt für sich. Die Rue de la Californie war einst der Boulevard der Kapitäne, wohl zwanzig von ihnen lebten hier. Sie hatten die größten Vorgärten und eine Palme vor dem Haus und Ehefrauen, die mit der Kinderschar auf ihre Rückkehr warteten, nicht selten jahrelang, und da und dort sieht man heute noch durch eine offenstehende Küchentür eine stämmige, alte Frau an einem schweren Holztisch sitzen und die Gasse im Auge behalten – aus alter Gewohnheit vielleicht. In Trentemoult war es ausgemachte Sache, dass ein Knabe den größten Teil seines Lebens auf dem Meer verbringen würde. Und wahrscheinlich ist er einer von ihnen gewesen, der hagere, alte Mann mit der Schiffermütze, der an diesem Morgen am Kai von Trentemoult reglos in seinem Rollstuhl sitzt und unverwandt auf die silberne Wasserfläche blickt und auf die grauen Silhouetten des letzten Hafenkrans dahinter.

Apropos Muscadet. Für uns, die wir den Fluss von seinem Ende her aufrollen, ist er der erste Loirewein – und nicht viel mehr als eine Randnotiz. Denn er wächst ausschließlich im Umkreis von Nantes, und die Muscadetwinzer haben es etwas schwerer als ihre Kollegen stromaufwärts. Zum einen, weil ihr Wein nicht aus der Chenintraube gewonnen wird, die das übrige Loiretal bis hinauf nach Orléans beherrscht, sondern aus der nicht sonderlich nuancenreichen Melontraube. Und zum anderen, weil die Reben hier, zwischen dem unbeständigen Atlantik und dem milden Anjou, erheblichen Klimaschwankungen ausgesetzt sind. Jedenfalls löste die Erwähnung des Muscadet loireaufwärts in der Vergangenheit nur ein Schulterzucken aus; er galt als blass, ganz angenehm, aber flach. Doch dieses Urteil wird einer neuen Generation von Muscadetweinen nicht mehr gerecht – sie sind rassig und trocken und erinnern deutlicher als zuvor an ihren Heimatboden aus Gneis und Granit. Was nicht bedeutet, dass ich mich nicht mit größeren Erwartungen jetzt auf den Weg ins Anjou machen werde.

Wehmütige Erinnerungen an den großen Fischfang

Nun erst, hinter Nantes, bietet die Loire den vertrauten Anblick eines Flusses, der ohne alle Eile breit dahinströmt, sich immer wieder in mehrere Arme zerteilt und damit Sandbänke und dicht bewaldete Inseln umschlingt, die Kindheitsträume von waghalsiger Flucht, todsicheren Verstecken und Abenteuerleben in Erinnerung rufen. Es ist der Anblick eines herrlich nutzlosen Flusses, der schon lange kein Schiff mehr gesehen hat und sich deshalb unerhörte Freiheiten nehmen kann, der im Spätsommer beinahe zu einem Fluss aus Sand austrocknen und im Frühjahr binnen weniger Tage zu einem reißenden Strom anschwellen darf. Nicht anders als die Loireschiffer sind allerdings auch die Loirefischer bis auf eine Handvoll verschwunden. Die Hechte, Zander, Aale und Rotaugen auf den Speisekarten von Nantes bis Roanne stammen zwar bisweilen tatsächlich aus dem Fluss – aber was ist das im Vergleich zu den alten Zeiten, als der Lachs der König der Loirefische war und die Jagd auf ihn ein großes Ereignis, eine eigene Kunst?

Sicher, sie ankern immer noch im Fluss, die hölzernen Lachsfängerkähne mit ihren Wohnkabinen. Aber sie sind nur noch ausgemusterte Zeugen des großen Fischfangs, die sich gewiss sehr malerisch auf der glatten Wasserfläche der Loire ausnehmen, seinerzeit aber für Wochen und Monate Arbeitsplatz und Behausung der Lachsfischer waren. Aufregende Zeiten! Im März, wenn die Loire angeschwollen war, zogen die Lachsfänger ihre Sperrnetze mitten durch den Fluss, quer zur Strömung, rammten, mit den Fluten kämpfend, lange Stangen auf zweihundert Metern Länge in den Grund, verbanden sie mit Drahtseilen und spannten dann das drei Meter hohe Netz dazwischen aus – eine Knochenarbeit von mehreren Tagen. Ein solches Sperrnetz hatte nur einen einzigen Durchschlupf, und hinter dem brachte der Lachsfänger nun seinen Kahn in Stellung, bockte ihn mit vier kräftigen Knüppeln im Flussbett auf, ließ das Senknetz vorn am Bug herab – und wartete. Tag und Nacht. Denn niemand konnte wissen, wann der Lachs kam. Niemand konnte vorhersehen, wann er einen bestimmten Flussabschnitt erreichen würde. Die Fischer mussten rechtzeitig auf der

Lachsfängerkähne auf der Loire bei Cunault. In den alten Zeiten des großen Fischzugs lebten die Lachsfischer wochen- und monatelang auf solchen Kähnen. Ob sie je wieder zum Einsatz kommen werden?

Lauer liegen und abwarten. Und solange die Saison lief, war die enge Kabine für den Fischer und seine beiden Gehilfen das einzige Zuhause, sechs Tage die Woche, 24 Stunden täglich. Lachsfang war eine gefährliche Angelegenheit, bei starker Strömung konnte einem Fischer sein eigenes Netz zum Verhängnis werden. Die Lachsfänger genossen ein ähnliches Prestige wie die Loireschiffer. Sie waren die Helden der Loire. Heute ist den Lachsen der Weg zu ihren Laichplätzen am Oberlauf durch Dämme versperrt, und der Lachs, der an den Ufern der Loire immer noch auf jede Speisekarte gehört, kommt aus Norwegen oder Argentinien. Der alte Loire-fischer, mit dem ich vor Jahren über die „Grande Pêche", der große Fischfang, sprach, konnte darüber nur den Kopf schütteln. „Der Unterschied zwischen Farmlachs und dem Lachs aus der Loire", sagte er, „ist genauso groß wie der zwischen meinen Gartentomaten und holländischen Treibhaustomaten."

Die Salzschmuggler von Ingrandes

Etwas, das mich an der Loire immer wieder beeindruckt: wie mühelos man jemanden findet, der mit der Geschichte eines bestimmten Ortes bestens vertraut ist und sich die Zeit nimmt, sie einem dahergelaufenen Fremden wie mir zu erzählen – bisweilen auf der Stelle, kaum dass man Interesse gezeigt hat. In dem Städtchen Ingrandes – etwas mehr als halbenwegs nach Angers – ist es Monsieur Glotin, der mich einen ganzen Vormittag lang herumführt.

Ingrandes ist so angelegt, wie romantische Maler sich eine Stadt am Meer vorstellen. Die Loire ist hier sehr breit, und etliche der festungsartigen Häuser auf der Hafenseite ragen mit ihren nackten grauen Mauern in den Fluss hinein. Überall erkennt man die Spuren von Jahrhunderten der Bautätigkeit und des Verfalls, hier romanische Bögen im Treppenhaus einer mittelalterlichen Herberge, dort verblasste Aufschriften, die düstere Gebäude als ehemalige Cafés und Restaurants ausweisen. Zwischen den Häusern führen Rampen zum Fluss hinab. Eine Grenzstadt, sagt Monsieur Glotin. Eine Militärstadt. Und eine Schmugglerstadt. Eine Stadt, in der sich bis zur Revolution alles nur um eins drehte: um das Salz aus Guérande.

Hier also war der Hafen. Hier legten alljährlich zwei- bis dreitausend Gabarres mit Waren für Orléans oder Paris an, jene schweren Lastsegler, die bis zu vierzig Tonnen Ladung aufnehmen konnten. Und hier waren Steuern fällig, denn Ingrandes lag seinerzeit genau auf der Grenze zwischen der Bretagne und Frankreich. „Hatten diese Gabarres Zucker oder Kaffee geladen", sagt Monsieur Glotin, „kamen die Schiffseigner glimpflich davon. Hatten sie aber Salz an Bord, verlangten die Steuereinnehmer eine Abgabe in zwölffacher Höhe des Salzpreises. Und in diesem Punkt war mit dem König von Frankreich nicht zu scherzen, denn die Salzsteuer war seine wichtigste Einnahmequelle. Wenn der Salzschmuggel in dieser Gegend dennoch ein Volkssport war, dann deshalb, weil der Schwarzmarktpreis für einen Zehn-Kilogramm-Sack Salz ausreichte, um eine Familie mehrere Jahre lang zu ernähren. Offenbar schreckte es niemanden ab, dass gefangene Salzschmuggler gebrandmarkt und auf die Galeeren verbannt wurden. Und deshalb mussten die Fischer von Ingrandes und alle anderen Bootsbesitzer täglich vor Anbruch der Dunkelheit ihre Kähne hier im Hafen anketten, mit Schlössern versehen und die Schlüssel im Zollgebäude abliefern, um zu gewährleisten, dass keiner von ihnen des Nachts auf Schmuggeltour ging."

Wir kommen zu dem großen Speichergebäude, in dem das Salz unter schwerer Bewachung gelagert wurde. Auf einer Seite sind noch Schießscharten zu erkennen. Daneben die Kaserne der Salzpolizei. Und dahinter das Gefängnis für die Salzschmuggler. Die Graffiti am Eingang neben der alten Holztür mit dem vergitterten Fensterchen zeigen bevorzugt ein Motiv: Galgen. Mal mit, mal ohne Gehenkten. Den meisten von jenen, die es trotzdem versuchten, scheint das Salz von Guérande allerdings Glück gebracht zu haben. Jedenfalls erzählt Monsieur Glotin zum Schluss, dass es in dieser Gegend einen Aufschrei der Empörung gegeben habe, als die „ungerechte" Salzsteuer nach der Revolution endlich abgeschafft wurde. Und noch lange habe man hier den schönen Tagen der Salzsteuer nachgetrauert. „So viel zum Thema Gerechtigkeit", sagt er mit einem kleinen fatalistischen Lächeln.

Eine ordentliche Prise Nostalgie

Wenn Sie nur einigermaßen nostalgisch veranlagt sind, werden Sie verstehen, dass ich meine letzte Nacht vor Angers im *Grand Hotel* von Rochefort verbringen möchte. Es ist vermutlich das kleinste Grand Hotel der Welt: eine Palme vor dem Haus – also ein Hauch von Nizza –, ein Klavier mit abgestoßenen Kanten im engen Hausflur, ein schwarzbefrackter Kellner und oben je vier Zimmer auf zwei Etagen, verbunden durch eine steile, knarrende Wendeltreppe. Jedes dieser Zimmer ist nach einem berühmten Loireschloss benannt. Eine kühne Maßnahme, wenn man bedenkt, dass alles hier an die herrlichen Zeiten erinnert, als auch das benachbarte Ausland noch gewöhnungsbedürftig war: die ausgeleierten Porzellanknäufe an den Türen, das altertümliche, durch Sperrholzwände abgeteilte Hygienekabinett mit vorsintflutlichen Armaturen und einer Fliesentapete in der Dusche und nicht zuletzt das Bett, dessen Matratze ein wenig an jene „Hängematten" gemahnt, auf die man sich noch in den achtziger Jahren vor einer Frankreichreise seelisch vorbereiten musste. Aber: kein Radio, kein Fernseher weit und breit und alles konsequent geschmacklos bis hin zur Nachttischlampe! Das ist mir die 39 Euro allemal wert.

Zur Entschädigung für so viel Nostalgie wartet das *Grand Hotel* von Rochefort mit einem zauberhaften Rosen- und Palmengarten auf, wo sich an verstreuten Tischen heute Abend das klassische Loirepublikum eingefunden hat: außer mir noch eine deutsche Lehrerin, ein englisches Paar – offenbar verheiratet – ein französisches Paar – offenbar unverheiratet –, und eine Gruppe von weiteren Vertretern des Gastlandes am größten der Tische. Die Engländer loben die in der Tat lobenswerte Küche mit einem „Wonderful", das animierte Geplauder an den französischen Tischen plätschert lieblich durch die Nacht, der befrackte Kellner eilt heraus und wieder hinein, und jetzt fehlt nur noch Heinz Rühmann, um den Eindruck von fünfziger Jahre und von Papas Kino vollkommen zu machen. Des Nachts dann die Schreie von Seevögeln über der unsichtbaren Loire, ein entfernter Zug ... und am nächsten Morgen die freudige Gewissheit, dem Anjou entgegenzufahren.

Ein Hauch von Côte d'Azur an der Loire – das winzige Grand Hôtel von
Rochefort. Was für französische Herbergen vor vierzig Jahren typisch war,
hier findet man es noch.

Man könnte ins Schwärmen geraten …

Ich kenne nichts, was dem Anjou vergleichbar wäre. Eine strahlende Heiterkeit liegt über diesem Land, durch das sich enge Landsträßchen hügelauf, hügelab schlängeln, vorbei an Weinbergen, die wie achtlos hingestreut daliegen zwischen Feldern, einzelnen Baumgruppen, Wiesen und Wäldchen. Diese Weinberge, oft nicht viel größer als ein Garten, sind ein so selbstverständlicher Teil der Landschaft wie die Dörfer mit ihren alten, braunen Schiefermauern, die strahlend weißen Schlösschen und Herrensitze und der Layon, der tiefgrün im Schatten hoher Uferbäume dahinfließt. Nur der Landschaft keinen Zwang antun, scheint der Wahlspruch der Menschen hier zu sein, bloß der Natur nicht mehr Raison als unbedingt nötig beibringen. Weiter östlich, Richtung Saumur, verlaufen die Straßen zwischen zartgelben Tuffsteinmauern, ziehen sich ausgedehntere Rebenfelder sanfte Hügel hinauf, markieren schlanke Windmühlen mit gerupften Flügeln den leicht gewellten Horizont. Halbverfallene Portale geben den Blick auf üppige Gärten frei, und noch im kleinsten Dorf ist zwischen Hauswand und Gasse Platz für ein paar Lilien. Immer scheint es mir so, als wäre der Puls der Zeit im Anjou besser auf unseren Herzschlag abgestimmt als anderswo, und ich kann mir nichts anderes vorstellen, als dass hier ein durch und durch zufriedener, sorgloser Menschenschlag wohnt. Doch bevor ich mich ganz der Douceur angevine überlasse, will ich einen Abstecher nach Angers machen, wo Jean-Pierre Maussion Küchenchef ist.

Etwa dort, wo die Maine in die Loire einmündet, erstreckt sich am rechten Ufer einer der schönsten Uferstreifen des gesamten Flusslaufs, nämlich der von Savennière bis Bouchemaine. Ein seit Jahrhunderten andauernder Dornröschenschlaf scheint diese winzigen Dörfer am Steilhang über der Loire mitsamt ihren Weingütern und umfriedeten Weinbergen in ihrer ursprünglichen Gestalt konserviert zu haben. Doch das ist nur der schöne Schein einer ebenso schönen, gänzlich anderen Wirklichkeit. Denn hier, im Gebiet der Appellation Savennière, machen einfallsreiche Winzer seit geraumer Zeit einen der interessantesten Weißweine Frankreichs, wie mir Jean-Pierre Maussion erzählt. „Der Savennière", sagt er, „stellt unter den trockenen Weinen aus der Chenintraube

Schwerelos scheinen sie über den weiten Rebenfeldern zu schweben – die eleganten Windmühlen des Anjou mit ihren gerupften Flügeln.

das Äußerste des Erreichbaren dar. Und immer mehr Winzer dort erkunden alle Möglichkeiten in diese Richtung. Der Geschmack des Savennière ist auf jeden Fall zart und durchsichtig, aber nicht jedermanns Sache, und auf keinen Fall etwas für Anfänger. Ich würde sagen, er ist der intellektuellste unter den französischen Weißweinen.‟

Wie ein exotischer Schmetterling im Netz einer Spinne hat sich Maussions *Auberge d'Eventard* zwischen Autobahnauffahrten und den Parkplätzen eines trostlosen Ausstellungsgeländes im Norden von Angers verfangen. Aber eine kleine Oase ist sein Restaurant mit seinen Sturzbächen von wildem Wein geblieben, und abgeschirmt von hohen Hecken sitzen wir zunächst im Salon bei einem Glas Savennière. Der erste Schluck irritiert durch seine intensive Mineralität, der zweite aber entzückt bereits, weil dieser Wein auf seiner Wanderung zwischen Lippen und Kehle die verschiedensten Wandlungen durchmacht und gewissermaßen die zauberhafte Farbkomposition seines Ursprungsortes, das eisige Grau der Mauern und den kühlen Gelbgrünton der Weinberge, in Geschmack umsetzt.

Der Speiseraum der *Auberge d'Eventard* ist eine Mischung aus Château-Kaminzimmer und Vorstadtkunstgalerie: ein bisschen große Vergangenheit, ein bisschen herzzerreißende Amateurkunst und die Bedienung unaufdringlich freundlich, sie zelebriert nicht, sie tischt auf. Mir zunächst Saumon fumé et Cœur de Bœuf aux légumes et Herbes du Jardin, mit anderen Worten ein Auberginenpüree in Kugelform mit Tomaten, Lauchzwiebeln, Kresse und Petersilie, gut gepfeffert, und der geräucherte Lachs dazu wie Fahnen am Mast um zwei Grissini gewickelt – herrlich frisch und alles im Einzelnen auf der Zunge präsent. Dann eine Poêlée de Rognons de Veau et Moutard à l'ancienne au Cointreau, also Kalbsnierchen in einer Senf-Cointreau-Sauce. Die Nierchen sind zart, haben gleichwohl Biss, und die Sauce betont in diesem Fall den regionalen Charakter von Maussions Küche, denn die Firma Cointreau sitzt gleich um die Ecke. Zuletzt Girolles la Tête de Moine et salade de plein champ, und das heißt, dass sich zu den hauchfeinen Käseröllchen des Tête de Moine ein Salat aus Roter Beete, Rettich, Lauch, roten Zwiebeln und krausem Endiviensalat gesellt. Verglichen mit dem Menü im *La Cigale* eine Küche mit klar definiertem Radius, und damit genau das, was ich erleben möchte: Man reist, und die Küche verändert sich.

Später treffen wir uns im Salon beim Kaffee wieder. „Ich werde Ihr Haus mit dem Gefühl tiefer Befriedigung verlassen", sage ich. „So muss es sein", erwidert Maussion schmunzelnd. Dann kommt er auf seine Vorstellung von einer regionalen Küche zu sprechen. „Wir Köche haben ja lange Zeit vergessen, was unsere Großeltern entdeckt und erprobt und für gut befunden haben", sagt er. „Aber heute nehme ich wieder Rücksicht darauf, an welche Art von Geschmack man hier im Anjou gewöhnt ist. Wobei man zugeben muss, dass die Küche des Anjous ein wenig charakterlos ist, weil sich an der Loire zu allen Zeiten so viele getummelt haben, der König, der Adel, der ganze Hofstaat mit seinen ausgefallenen Vorlieben… Beim Elsass denkt man gleich an Choucroute, bei Marseilles an Bouillabaisse, aber beim Anjou? Nein, unsere Küche ist eine bürgerliche Küche, die schlicht und einfach mit den Jahreszeiten geht. Zu den Fischen aus der Loire servieren wir eine Sauce aus Butter, Schalotten und Essig. Das Kalb bereiten wir mit allerlei Gemüse, Crème fraîche und Champignons zu. Unsere Hühnchen vom Bauernhof werden in Weißwein und Schalotten aus dem Anjou sautiert. Und als Nachtisch dann eine köstliche Pflaumenpastete. Alles im Grunde wie bei Maman: Die Familie ist um einen großen Tisch versammelt, man lässt sich viel Zeit, man gerät ins

Schwärmen. Ich hatte das Glück, Großmütter gehabt zu haben, die beide exzellente Köchinnen waren. Ich besitze noch viele von ihren Rezepten und passe sie der heutigen Zeit an, um eine leichtere, vielseitigere Küche zu bieten. Da sind zum Beispiel zahlreiche neue Kräuter hinzugekommen, Kräuter, die früher nur dem Doktor bekannt waren. Aber letztlich beteilige ich mich an der Suche nach unseren kulinarischen Wurzeln wie andere Köche auch, die ihre Region wiederentdeckt haben."

Zum vollkommenen Glück, gestehe ich ihm, habe es mir heute Abend nur an Gesellschaft gefehlt – ein Dilemma, in dem sich der reisende Schriftsteller allerdings häufiger befinde. Maussion nickt. „Der beste Koch der Welt rackert sich für einen einzelnen Gast vergeblich ab. Denn das Vergnügen an einer Mahlzeit besteht immer aus drei Teilen: erstens der Gesellschaft, in der man speist, zweitens der Zeit, die man sich nimmt, und drittens der Kunst des Küchenchefs. Deshalb besuche ich einmal in der Woche meine 84-jährige Mutter, gehe mit ihr auf den Markt, koche für sie und esse mit ihr gemeinsam. Also, ich habe ein simples Ziel: Ich möchte mit jedem Bissen zum Glück der Leute beitragen. Aber bei Ihnen erreiche ich mein Ziel nur dann voll und ganz, wenn Sie das nächste Mal Ihre Frau mitbringen." Was ich verspreche.

Der Küchenchef der Auberge d'Eventard in Angers, Jean-Pierre Maussion.
Er gehörte zu den Ersten, die sich auf die Suche nach den kulinarischen
Wurzeln ihrer Region begeben haben.

Kandierte Schalotten nach Art des Anjous mit Weißwein und Mittelmeerkräutern

ZUBEREITET VON DEM KÜCHENCHEF JEAN-PIERRE MAUSSION AUS DER *L'Auberge d'Eventard* IN ANGERS

WEINEMPFEHLUNG
Chinon

ZUTATEN FÜR 4 PERSONEN
*1 kg Schalotten, 3 Esslöffel Olivenöl, 15 cl Weißweinessig,
25 cl Weißwein (Chenin oder Riesling), 4 Esslöffel Akazienhonig,
5 Würfel Rohrzucker, frische Thymianblätter, 1 Lorbeerblatt,
frische Mittelmeerkräuter nach Belieben, weißes Guérande-Salz,
Pfeffer aus der Mühle*

ZUBEREITUNG IN 40 MINUTEN
Die Schalotten schälen, klein hacken und langsam im heißen
Olivenöl glasig werden lassen. Mit dem Essig ablöschen und
sanft köcheln lassen. Weißwein, Honig und Zuckerwürfel zugeben. Unter ständigem Rühren einkochen, dann 10 Minuten
bei geschlossenem Deckel auf kleiner Flamme weiterköcheln
lassen. Die Kräuter beigeben, salzen und pfeffern und noch
einmal 10 Minuten bei geschlossenem Deckel ziehen lassen.
Anschließend rühren, bis die Schalotten anfangen zu karamelli-
sieren. Eventuell nachwürzen. Abkühlen lassen.

TIPP
Kandierte Schalotten eignen sich vorzüglich als Vorspeise auf
Toast, als Beilage für Braten oder zur Abrundung von Foie gras.
Die Schalotte hat ihren Namen übrigens von der Stadt Askalon
erhalten, einst eine blühende Kreuzfahrerstadt in Palästina. Im
Mittelalter wurde die Schalotte in Frankreich heimisch und
gehört seit dem 15. Jahrhundert zu den klassischen Garten-
gewächsen des Loiretals.

Eine Kultstätte für Liebhaber edelsüßer Weine

Der englische Philosoph John Locke ist, soweit ich sehe, der letzte, der von einer ausgefallenen und obendrein beziehungsreichen Reliquie im Kirchenschatz der Kathedrale von Angers berichtet. Abgesehen von einem Dorn aus der Dornenkrone Christi und einem vertrockneten Spritzer Milch aus der Brust der Jungfrau gebe es dort einen der Krüge zu sehen, in denen Jesus auf der Hochzeit zu Kaana Wasser in Wein verwandelt habe. Einmal im Jahr werde dieser Krug mit Wein gefüllt und sein Inhalt an Kranke verabreicht. Die heilsame Wirkung des Weins bezweifelt der Aufklärer Locke nicht, wohl aber die Echtheit des Krugs, handelt es sich doch um ein Porphyrgefäß mit herausgearbeitetem Menschenkopf. Dergleichen wird damals bei den Juden kaum in Mode gewesen sein, kommentiert er süffisant in seinem Reisetagebuch. Das war im 17. Jahrhundert. Seither ist leider von diesem Krug nirgendwo mehr die Rede, weshalb ich keinen Grund sehe, mich länger in Angers aufzuhalten. Nicht, dass Angers keine schöne Stadt wäre ...

Aber zwanzig Kilometer weiter südlich, bei Thouarcé, liegt auf einer der höchsten Erhebungen des Anjous das Château de Fesles, fast so etwas wie eine Kultstätte für Liebhaber großer, edelsüßer Weine. Denn hier, auf den Hängen am rechten Ufer des Layons, wächst der Bonnezeaux, und wer das Glück hat, Gast auf Château de Fesles zu sein, darf die Redensart von der Douceur angevine wörtlich nehmen – obwohl die Besitzer gar nicht aus dem Anjou stammen. Bernard Germain kommt aus Bordeaux, seine Frau Elisabeth Heidemanns von der Mosel, und beide bewohnen dieses herrschaftliche Anwesen erst seit 1996.

Beim Abendessen im Salon, zu Ente mit Muskatkartoffelpüree, erzählt Elisabeth Heidemanns von ihren ersten Erfahrungen mit den hiesigen Sitten. Neben dem Salon befand sich damals die Kapelle, ein düsterer Raum mit einem Gipsaltar, einem mächtigen

Die Landschaft hoch über dem Tal des Layon – Château de Fesles, eine Kultstätte für die Liebhaber großer, edelsüßer Weine.

Holzkreuz und ein paar Kirchenbänken, die Dekoration ganz im affektierten Demutsstil des 19. Jahrhunderts und ohne Wert. Die neuen Besitzer hatten keine Verwendung dafür. Sie lagerten darin, was kühl gehalten werden musste und fanden schließlich, dass dieser Raum sich am besten zu einem kleinen, intimen Wohnzimmer eignen würde. Davon bekam nun ihr Kellermeister Wind und gab mit gerunzelter Stirn zu bedenken, dass man aus einer Kirche keinen Wohnraum machen dürfe. Seine Großmutter habe in dieser Kapelle geheiratet! Der Raum sei heilig. „Nun gut", sagt Elisabeth Heidemanns, „es sollte im Dorf nicht heißen: ‚Jetzt kommen die Deutschen und entweihen unsere Kirchen', also habe ich im Amt des Bischofs von Angers angerufen und den freundlichen Bescheid erhalten, man würde eine kleine Abordnung vorbeischicken, die den Altarstein mitnehmen würde. Damit wäre den Erfordernissen einer ordnungsgemäßen Profanierung Genüge getan."

Einige Tage später bremste gegen zehn Uhr morgens ein Kleinbus vor dem Haus. Elisabeth Heidemanns hatte ein paar kräftige Männer erwartet. Stattdessen beobachtete sie, wie dem Bus sechs kleine beleibte Patres entstiegen, alle in schwarzen Soutanen, der jüngste um die siebzig. Sie nahmen die Kapelle in Augenschein, machten Vorschläge für den Verkauf des Mobiliars und versicherten der Hausherrin wiederholt, welche hervorragende Idee es gewesen sei, sie zu benachrichtigen. So weit, so gut. Ob ihnen ein Kaffee nun recht wäre? Einhelliges Kopfschütteln – sie hätten bereits gefrühstückt. Ob ihnen dann vielleicht ein Glas Bonnezeaux Freude machen würde? Einhelliges Nicken diesmal. Und siehe da, der Bonnezeaux fand Gnade vor ihren Augen, im Handumdrehen war eine Flasche leer. Dann wurde der Keller besichtigt. Und schließlich ging man zur Weinprobe über. „Von den Sechsen war jeder ein Kenner", sagt Elisabeth Heidemanns. „Zweieinhalb Stunden später bestiegen sie vergnügt ihren Bus, wahrscheinlich mit der Aussicht auf ein gutes Mittagessen, beklagten noch einmal seufzend, dass leider längst nicht alle in religiösen Dingen so gewissenhaft seien wie ich – und drei Wochen später kam aus Angers die Desakralisierungsurkunde. Ich habe sie gleich kopiert und unserem Kellermeister in die Hand gedrückt."

Nein, sie fanden den Umgang mit den Menschen hier nicht schwer. Doch was macht ein erfolgreicher Bordeauxwinzer wie Bernard Germain überhaupt an der Loire?

Bernards Eltern, erzählen sie, lebten in kleinen Verhältnissen, besaßen einen Weinberg im Bordelais, betrieben dazu noch eine Landwirtschaft. Mit 14 bereits ging Bernard von der Schule ab. Er verehrte seinen Vater, er wollte Winzer werden wie er, und schon damals ließ er sich nichts einreden und nichts ausreden. Außerdem war er ehrgeizig. Im heißen Sommer 1956 hatte er eines Tages auf einem bekannten Weingut im Médoc mit den Kindern der Besitzer namhafter anderer Güter gespielt und erlebt, wie die Frau des Hauses ihn mit den Worten: „Du nicht!" am Arm zurückriss, als er sich ebenso wie seine Spielkameraden in dem Swimmingpool abkühlen wollte, der zum Gut gehörte. „Für diese Leute war ich das Kind kleiner Bauern", sagt er. „Das hat mich gefuchst. Ich habe mir gedacht: Euch werd ich's zeigen. Eines Tages besitze ich mehr Weinberge und mehr Swimmingpools als ihr."

Zehn Jahre ging Bernard bei seinem Vater in die Lehre. Anfang der neunziger Jahre genoss er in Bordeaux einen seriösen Ruf als guter Weinmacher, und sein Wort hatte Gewicht in der Welt des Weins. „Doch für die Aristokratie der Bordeauxwinzer blieb er der Bauernsohn", sagt Elisabeth Heidemanns. „Viele dachten: Das kann doch nicht mit rechten Dingen zugehen, wenn jemand, der mit Nichts anfängt, plötzlich so viele Weingüter besitzt. Was diese

Chenin-Rebstöcke unter einem frühherbstlichen Himmel. Rosenstöcke säumen die Weinberge vielerorts im Anjou, so auch hier, um Château de Fesles herum.

Gesellschaft nie begriffen hat: dass man Weingüter auch pachten kann. Im Bordelais ist es so: Man erbt ein Weingut, man stellt Leute ein, lässt sie die Arbeit tun und erntet den Ruhm. Das ist die Tradition." Bernard Germain passte da nicht hinein. Zeitweilig erwog er, sich ein Weingut in Vietnam zuzulegen. Und dann hörte er, Château de Fesles stehe zum Verkauf.

Für ihn war die Vorstellung, an die Loire zu gehen, nicht viel weniger exotisch als die, Wein in Vietnam zu machen. Aber er träumte schon lange davon, edelsüße Weine herzustellen und hatte sich deshalb längst mit der Cheninrebe eingehend beschäftigt. „Eine faszinierende Traube", sagt Elisabeth Heidemanns, „Chenin hat einen hohen Säureanteil. Ein süßer Chenin wie der Bonnezeaux bringt also stets genug Säure mit, um immer wieder angenehm im Mund zu sein. Da hat man hinterher nicht das Gefühl, ein Glas Quittengelee ausgelöffelt zu haben." Und dann – der Cheninstock ist ideal an die Bodenverhältnisse im westlichen Anjou angepasst. Der Grund besteht hier aus Schiefer, und der Cheninstock besitzt Wurzeln, die trotz der Schieferfelsen bis zu 15 Meter tief reichen. Dort speichert das Gestein Wasser, und im extrem heißen Sommer 2003 bot das Anjou ein sonderbares Bild: Alle Vegetation war verbrannt, nur die Weinberge bildeten grüne Inseln, als wäre allnächtlich jemand mit der Gießkanne durchgegangen.

„Gut, die jungen Stöcke hat es auch erwischt", erinnert sich Elisabeth Heidemanns, „aber wir haben viele alte Rebstöcke. Das war unser Glück."

Was Bernard Germain darüber hinaus am Chenin faszinierte: Ein Cheninwein ist entweder ordinär oder außerordentlich. Wenn der Chenin nicht dazu gedacht ist, zu einem absolut erstklassigen Wein verarbeitet zu werden, gibt es eigentlich gar keinen Grund, ihn anzubauen. Er ist niemals Standard, niemals mittelmäßig, niemals monoton. Entweder er fällt vulgär aus, oder er bringt jede Nuance des Klimas, des Bodens und der Kunst des Winzers zur Geltung. Mit anderen Worten: Bei entsprechendem Talent liefert der Chenin das schönste Beispiel dafür, wie Traube, Boden, klimatische Verhältnisse und Mensch zusammenwirken können, um außergewöhnliche Weine hervorzubringen. Gründe genug für Bernard Germain, sich für die Loire zu entscheiden. Möglich, dass bei diesem Entschluss auch der spröde Charme dieses Schlösschens aus der zweiten Hälfte des 19. Jahrhunderts, der große Rosengarten davor sowie die wuchtige, fast fünfhundertjährige Eiche daneben eine gewisse, ganz untergeordnete Rolle gespielt haben, jedenfalls kaufte er 1996 Château de Fesles, zusammen mit 35 Hektar der Appellation Bonnezeaux.

Und jetzt war Bernard Germain in seinem Element. Zum einen, weil er ausgezeichnete Bedingungen für den edelsüßen Wein vorfand, der ihm vorschwebte. Und zum anderen, weil er nun von keiner Tradition belastet loslegen konnte.

Was die Bedingungen angeht: Es zeigte sich, dass der Hügel von Château de Fesles sein eigenes Mikroklima besitzt. „Wir haben hier vierhundert Millimeter Niederschlag im Jahr", erläutert Elisabeth Heidemanns, „in Angers sind es sechshundert Millimeter. Selbst im benachbarten Thouarcé regnet es mehr als hier oben. Da kreisen die schwarzen Gewitterwolken um Fesles, ringsum blitzt und donnert es, man sieht die Regenvorhänge über das Land wandern, aber hier fällt kein einziger Tropfen. Und dann war es so: Im ausgesprochen verschlafenen Anjou galt Bernard plötzlich als Lokomotive, als Hecht im Karpfenteich. Die Leute hier sind nett und lieb und höflich, aber sie sind sehr mediterran, also ziemlich gemütlich, etwas unzuverlässig und sehr, sehr traditionsverhaftet. Anfangs mögen sie Bernard für einen reichen Knacker aus Bordeaux gehalten haben. Aber mit der Zeit haben sie doch gemerkt, was sie an ihm haben."

Wenn man den Weinkeller von Château de Fesles betritt, versteht man, was sie meint. Für einen unterirdischen Weinkeller, wie er im östlichen Anjou üblich ist, hätte man den harten Schiefer mit Dynamit sprengen müssen. Das macht hier keiner, also liegt er überirdisch, im ehemaligen Pferdestall, und wirkt, als würde er täglich mit dem Gartenschlauch abgespritzt: blitzblank, dazu großzügig bemessen und mit langen Reihen von Fässern ausgestattet, neuen Fässern aus hellem Eichenholz, die alle Weißwein enthalten, von trocken bis edelsüß. „Und das widerspricht hier jeder Tradition", sagt Elisabeth Heidemanns. „Im Anjou gehört Weißwein in Edelstahltanks oder alte Fässer, die keine Aromastoffe mehr abgeben. Aber Bernard ist von Bordeaux her an neue Fässer gewöhnt. Er war überzeugt: Der Chenin kann viel besser werden, wenn man ihn in neuer Eiche lagert und die trockenen Weine für mindestens ein Jahr drinlässt, die edelsüßen für mindestens zwei." „Ich vergleiche den Wein mit Kindern", ergänzt Bernard Germain, „und der Chenin ist für mich wie ein ungezogenes Kind. Wenn man das in einen Edelstahltank einsperrt, wo es keine Luft bekommt, wird es noch unerträglicher, da tobt es, da fängt es an zu schwitzen und stinkt am Ende. Ein Holzfass aber ist für dieses schwer erziehbare Kind wie ein lichtdurchflutetes Kinderzimmer. Hier kann es atmen, hier baut es Aggressionen ab, und plötzlich ist es brav."

Einem Perfektionisten wie Bernard Germain konnten es die großen Küferwerkstätten auf Dauer nicht recht machen. Im Jahr 2002 hat er deshalb seine eigene Küferei in Bordeaux gegründet. Ein Küfer und ein Gehilfe bauen dort täglich zwei, drei Fässer zusammen, und zwar aus rumänischer oder kaukasischer Eiche, einer Holzvariante, die weiche Aromastoffe wie Vanille abgibt. Sechs Jahre, nicht länger, bleiben sie dann hier in Gebrauch, danach werden sie verkauft. Womit für diese Fässer eine regelrechte Odyssee beginnt. Denn als nächstes gehen sie nach Italien, und italienische Winzer bauen darin für weitere sechs Jahre ihren Rotwein aus. Während dieser Zeit setzen sich innen im Fass Kristalle ab, weil die Italiener ihre Fässer nicht auswaschen, und jetzt werden sie für die Portugiesen interessant. Die Rotweinkristalle nämlich geben dem Portwein eine besondere Note, also lagern sie für die nächsten acht bis zehn Jahre ihren Portwein darin. Dann, im hohen Alter, gehen diese Fässer erneut auf Reise und gelangen nun nach Schottland, wo sie mit Whisky gefüllt werden, der auf diese Weise seinen letzten Schliff erhält. „Und irgendwann", sagt Elisabeth Heidemanns, „nach dreißig Jahren vielleicht, macht sich eine Säge über sie her, und unsere alten Weißweinfässer enden als schöne, große Blumenkübel – oder im Kamin eines schottischen Gutsbesitzers."

Es ist typisch für Bernard Germain, dass er den Wein in jeder Phase seines Entstehungsprozesses äußerst behutsam behandelt, fast wie ein beseeltes Wesen. „In unserer Betongesellschaft", sagt er, „ist allein der Wein noch menschlich geblieben." In der Praxis heißt das: keine Chemie, wenn irgend möglich. So wird die Gärung des Traubensafts beispielsweise über die Temperatur reguliert. Im Oktober wird sie hochgefahren, auf dreißig Grad, sodass die Gärung rasch in Gang kommt, und im Frühjahr kontinuierlich auf elf Grad abgesenkt, wobei die letzten Bakterien absterben. Denselben Effekt kann man auch mit Chemikalien erreichen, aber dieses Verfahren ist natürlicher und gesünder.

Keine Chemie also, auch nicht im Weinberg selbst. Stattdessen wird im Frühling zwischen den Rebstockreihen eine bestimmte Grasmischung gesät, die die Insekten vertreibt. Auch die prächtigen Rosenstöcke vor jeder Rebenreihe befriedigen nicht nur den Schönheitssinn, sie sind vor allem natürliche Alarmanlagen. Rosen reagieren nämlich empfindlicher als Rebstöcke, und wenn Krankheiten wie Mehltau auftreten, zeigen sie sich an den Rosen zuerst. Ab Mitte Juli wird dann effeuilliert, also ein Teil der Blätter am Rebstock weggeschnitten, sodass die Trauben von nun an dem ständigen Wind hier oben ausgesetzt sind, trocken bleiben und nicht vorzeitig faulen. Und die Weinlese schließlich wird selbstverständlich von Hand vorgenommen, und zwar in mehreren Durchgängen.

Bei der ersten Lese für den trockenen Wein arbeiten sich Anfang Oktober Studenten aus Angers und Leute aus der Umgebung unter dem strengen Blick von Bernard Germain durch die Weinberge, peinlichst darauf bedacht, die Trauben für die Auslese nicht anzutasten. Und bei der zweiten Lese im November treten dann die Philippinerinnen in Aktion. Denn jetzt geht es darum, die

Weinprobe auf Château de Fesles. Der hervorragende Ruf von Bernard Germains Bonnezeaux zieht mittlerweile Besucher aus aller Welt an.

überreifen Trauben für den edelsüßen Wein herauszupflücken, die Trauben mit Schimmelpilzbefall, die erst dann erntereif sind, wenn sie richtig unansehnlich geworden sind, verschimmelt und vertrocknet und verhutzelt. Und diese Arbeit vertraut Bernard Germain am liebsten einer Gruppe von Philippinerinnen an. „Setzen sie mal einen Mann an diese Arbeit", sagt Elisabeth Heidemanns und lacht. „Unmöglich! Aber diese Frauen sind wahnsinnig sorgfältig. Sie haben unendliche Geduld und enormes Fingerspitzengefühl, und deshalb übernehmen sie auch hinterher die Nachlese an den Trenntischen, wo aus den geernteten Trauben – wiederum in mehreren Durchgängen – die allertrockensten herausgesucht werden." Dann ist es bereits Dezember. Und am Ende ergibt eine ganze Kiste dieser handverlesenen Trauben eine einzige Flasche Bonnezeaux.

Es wird viel erzählt in diesen Tagen auf Château de Fesles, Wein ist ein unerschöpfliches Thema. Bernard Germain ist dabei stets diese schwelende Leidenschaft anzumerken, die ihn schon damals als zwölfjährigen gepackt hat und die ihn heute immer noch dazu treibt, über alles Erreichte hinauszugehen. Manchmal wirkt er wie jemand, der unter dem eigenen Ideenreichtum genauso leidet wie unter den Grenzen, an die er stößt. Was ihm vor allem Beschränkungen auferlege, sagt er, sei die Rücksicht auf den Publikumsgeschmack. „Ich bin immer auf der Suche nach einer vortrefflichen Qualität. Wenn ich jedoch zu weit gehe, wenn ich nur noch meiner eigenen Intuition folge, produziere ich Weine, die zwar von den echten Weinkennern geschätzt werden, aber nicht von der Mehrheit der Verbraucher. In Frankreich machen diese Weinkenner vielleicht fünf Prozent aus – alle anderen wollen geschmeidige, aromatische, freundliche Weine. Ich muss also meinen Ehrgeiz zügeln und Weine liefern, die nicht unbedingt meinen eigenen Vorstellungen entsprechen."

Welcher Wein dabei herauskäme, wenn er könnte, wie er wollte? Kein Winzer wird einen fest umrissenen Begriff von dem Wein haben, der ihm als Ideal vorschwebt – zu viel an seiner Arbeit ist Experiment und Suche und Abhängigkeit von den natürlichen Gegebenheiten. Leichter findet Bernard Germain Worte, die sein persönliches Verhältnis zum Wein beschreiben: „Wein ist zu allererst Kultur, nicht Technik", sagt er, „man kann Wein mit relativ wenigen technischen Hilfsmitteln herstellen, wenn man die Erfahrung und vor allem die richtige Einstellung dazu hat. Für mich ist der Wein ein Mythos. Einmal, weil er uns mit den Anfängen unserer Kultur vor dreitausend Jahren verbindet – der Wein ist ja eines der seltenen Produkte, die viele Zivilisationen überlebt haben. Und dann ist der Wein ein lebendiges Bindeglied zwischen Mensch und Natur. Wer Wein trinkt, der nimmt gleichzeitig Erde, Felsen und Sonne in sich auf. Ich glaube jedenfalls, dass seine mythische Dimension immer offenkundiger wird, je mehr Menschen in der künstlichen Welt der Städte leben."

Auch auf die Gefahr hin, von Bernard Germain zur großen Masse der Verbraucher gerechnet zu werden – mir schmecken seine Weine nicht nach Kompromiss. Bei unserer abschließenden Weinprobe finde ich den trockenen Chenin von 2004 klar und fein, die geschmackliche Essenz der Chenintraube gewissermaßen, mit dunklen, erdigen Untertönen und Anklängen an Farn und Wald. Und der Bonnezeaux von 2003 ist schlichtweg unglaublich: ein durchgegorener, süßer Wein, der alle Aromen der rosinierten Traube zur Geltung bringt, bei einem Säuregehalt, der den Zuckergehalt sogar noch leicht übersteigt. Dieser Wein ist tonig und weich, er schmeckt nach Feige, Melone und Mango – ein Wein, kurz gesagt, um ins Schwärmen zu geraten. Und in dieser Stimmung fahre ich zu Bernard Corabœuf, der in einem Dorf unweit von Château de Fesles Entenstopfleber herstellt.

Foie gras – ein Geschenk der alten Ägypter

Es ist ein strahlender Spätsommertag. Das Termometer im Auto zeigt 32 Grad an. Und während ich über einen Feldweg auf einen flachen, wellblechgedeckten Hof zufahre, ertappe ich mich bei der Frage, ob dieser Entenstopfer wohl ein sympathischer Mann ist. Stopfen – ist das nicht Tierquälerei? Sollte ich einem Menschen, der ungeniert seinen Profit aus meiner Schwäche für sein Produkt schlägt, nicht wenigstens mit einem Vorbehalt begegnen? Minuten später weiß ich: Aus meinem Vorbehalt wird nichts werden. Bernard Corabœuf, Mitte dreißig vielleicht, ist geradezu liebenswürdig. Er sprüht vor Begeisterung für seine Arbeit, seine Enten, seine Erzeugnisse, er strahlt unentwegt Zufriedenheit aus. Was sicher auch daran liegt, dass sein Geschäft gut läuft. „Je mehr europäische Länder das Stopfen verbieten, desto mehr Stopfleber exportieren wir", sagt er. Dass auch in Frankreich das Stopfen verboten werden könnte, vermag er sich nicht vorzustellen. Stopfen sei schließlich eine französische Tradition.

Eigentlich gibt es hier nicht viel zu sehen bis auf Enten: die Küken im Stall, die erwachsenen Enten auf der Wiese, insgesamt 2 500 Tiere. In diesem Teil des Betriebs wird nur geschlachtet, der Stopfbetrieb ist fünf Kilometer weiter, und da Aufregung schlecht für die Entenleber ist, wie er sagt, sind Besucher dort nicht erwünscht. Mir ist das recht, auch wenn Bernard Corabœuf Wert auf die Feststellung legt, dass Stopfen im Grunde ein natürlicher Vorgang sei. „Die Ägypter haben es erfunden", erzählt er. „Ägyptische Sklaven haben beobachtet, dass sich wilde Enten und Gänse vor langen Flügen mit Nahrung vollstopften. Die Sklaven haben das dann systematisch betrieben und gefangene Gänse mit Feigen gestopft und die Entdeckung gemacht, dass deren Leber dabei anschwillt – sie fungiert nämlich als Nahrungsspeicher. Anfangs scheint Stopfleber ein Arme-Leute-Gericht gewesen zu sein, aber irgendwann einmal muss ein Pharao Stopfleber gekostet haben und begeistert gewesen sein. Seither war Stopfleber eine exklusive Delikatesse des ägyptischen Adels. Wir wüssten heute gar nichts davon, wenn der Franzose Chompollion nicht Anfang des 19. Jahrhunderts die Hieroglyphen entziffert hätte. Chompollion war es auch, der diese altägyptische Spezialität in Frankreich populär gemacht hat. Offenbar hatte sich ein Schreiber in einem Hierogly-phentext in den höchsten Tönen über Stopfleber geäußert."

Wieder erlebe ich hier einen Menschen, der mit dem, was er erzeugt, nicht nur zufrieden, sondern regelrecht stolz darauf ist. Ich bin diesem Stolz auf dieser Reise überall dort begegnet, wo Menschen in kleinen Betrieben natürliche Produkte nach traditio-nellen Verfahren herstellen, bei den Salinenarbeitern in Guérande, bei Winzern, bei Käseherstellern. Ich denke mir, dass es der Stolz des kleinen Davids ist, der sich gegen den Goliath namens Indus-trie behauptet, weil seine Erzeugnisse einfach besser sind, weil sie schmackhafter und gesünder sind – und es im Übrigen auch ge-nügend Kunden gibt, die ihren Geldbeutel nicht über ihren Gau-men bestimmen lassen. Sicher, auch Bernard Coraboeuf setzt elektrische Stopfmaschinen ein. Aber industrielle Großbetriebe stopfen fünfmal schneller als er. Und dort laufen die Enten wäh-rend dieser Zeit nicht frei herum. Das ist für die Enten wie für den Kunden ein großer Unterschied – das Fleisch von Industrieenten ist weich und wässrig, es zerfließt fast in der Pfanne. „Außerdem schlachten wir nur nachmittags, nachdem die Enten gefressen haben", sagt Coraboeuf. „Warum? Weil nur dann die Galle auf der Leber sitzt und nicht in ihr. So schließen wir das Risiko aus, dass die Leber bitter wird. Industrielle Stopfbetriebe benutzen Zusatz-stoffe, um den bitteren Geschmack ihrer Lebern zu mildern. Da kann man nicht mehr von einem Naturprodukt sprechen."

Die Kunden honorieren solche Gewissenhaftigkeit. Coraboeuf präsentiert sich mit seinen Produkten auf kleinen Messen, lokalen Jazzfestivals oder Dorffesten und zieht sich so eine Kundschaft aus Restaurantbetreibern, Winzern und anderen Privatkunden heran – ein in Frankreich beliebter Vertriebsweg. Nein, er kann nicht klagen. Aber seinen Betrieb vergrößern? Auf keinen Fall. „Dann könnte ich meine Entenstopfleber gleich im Supermarkt kaufen", sagt er. „Ich will das Futter für meine Enten weiterhin nach mei-ner eigenen Vorstellung zusammenstellen und in der Kooperative kaufen, wo ich sicher sein kann, dass ich ausschließlich natürliche Futtermittel bekomme."

Und schließlich liegen sie vor mir, in zwei großen Schalen, die Stopflebern frisch geschlachteter Enten, gelblich schimmernd und von beachtlichen Ausmaßen. Das Ergebnis einer kurzen Frist von

Der Stolz von Bernard Corabœuf – Entenstopflebern im Originalzustand, jede um die fünfhundert Gramm schwer. Schon die alten Ägypter wussten diese Delikatesse zu schätzen.

14 Tagen Stopfens. In dieser Zeit legen die Enten zwei Kilogramm zu, während ihre Lebern das Fünf- bis Sechsfache ihres ursprünglichen Gewichts erreichen, nämlich fünfhundert Gramm. Weiblichen Enten bleibt diese Erfahrung übrigens erspart, denn ihre Leber ist bei Weitem nicht so wohlschmeckend, sie wird auch weniger fett als die Leber männlicher Enten. Natürlich werden die geschlachteten Tiere komplett verwertet. In großen Kesseln köchelt hier das Fleisch von Entenhals und Entenknochen vor sich hin. Mit Fett verrührt und gesalzen, entstehen daraus Rillettes, die sich im Verkaufsraum von Corabœuf in kleine und große Gläser verpackt neben Foie gras, Entenpastete, geräucherter Entenbrust, im eigenen Fett konservierten Entenmägen, marmorierter Entenleber und Entenherzen stapeln.

Ein verführerischer Anblick. Trotzdem gibt es etwas, das Bernard Corabœuf Sorgen bereitet: der Kundennachwuchs. Wird auch die McDonalds-Generation seine Produkte noch zu würdigen wissen? Doch schon im nächsten Moment entspannt er sich wieder. „Auf den Messen und Dorffesten, die ich besuche, stelle ich immer wieder fest, dass auch die jungen Leute zwischen meinen Erzeugnissen und industriellen Produkten zu unterscheiden wissen. Sie schmecken wohl doch den Unterschied. Nein", sagt er, „ich bleibe optimistisch." Und strahlt. Ein glücklicher Mensch.

Eine faszinierende Unterwelt von Menschenhand

Saumur ist der Inbegriff einer überschaubaren, gutbürgerlichen Loirestadt mit allem, was dazugehört: einer alten Brücke, spätmittelalterlichen Wohnvierteln aus Tuffstein und einem klotzigen Schloss auf einem Felsvorsprung hoch über der Stadt. Saumur ist auch die Stadt des Schaumweins, eines hervorragenden Schaumweins nebenbei, der es an Qualität, aber nicht im Preis mit jedem Mittelklasse-Champagner aufnehmen kann. Und Saumur ist außerdem die Stadt von César, des weltweit größten Maskenherstellers mit eigenem schaurig-schönen Maskenmuseum. Aber für mich ist Saumur vor allem das Tor zur Unterwelt. Denn im Hinterland von Saumur ist eine ganze Region unter die Erde gegangen, fast alle Dörfer haben hier ihr unterirdisches Gegenstück mit unterirdischen Kirchen, unterirdischen Wohnhäusern, unterirdischen Hospitälern, Gefängnissen, Klöstern und Bauernhöfen, verbunden durch ein Netz von unterirdischen Gängen, etliche davon breit genug, um einem Heer auf der Flucht den Rückzug unter die Erde zu gestatten – alles auf geschätzte dreitausend Kilometer Länge aus dem weichen Tuffstein herausgehauen und heute selbstverständlich nur noch in Ausnahmefällen benutzt.

Wie es zu dieser unterirdischen Lebensweise gekommen ist? Welchen Vorteil sie hatte? Diese Fragen können zwei Experten besser als ich beantworten, Monsieur Leray und Monsieur Foyer. Beide haben Erfahrung mit dem Höhlenleben – ich überlasse ihnen deshalb vorübergehend das Wort:

Monsieur Foyer: „Eine Höhlenwohnung ist ideal, um Kinder großzuziehen. Sie können hier keine Tapeten zerkratzen, sie können ihre Leidenschaft für die Bildhauerei austoben, und wenn der Grill mal umfällt, brennt das Haus nicht gleich ab. Und dann: Höhlenwohnungen sind eine erschwingliche Leidenschaft – im Vergleich zu Segelyachten, Schlössern und Windmühlen. Zehntausend Euro muss man für eine hinlegen – da kann man eigentlich nichts falsch machen. Ich hatte bis heute sechs Höhlenwohnungen, die Auswahl ist ja riesig. Gefällt einem die alte nicht mehr, kauft man sich eben eine neue. Aber, was mich angeht – eine Höhle muss es sein. Sie ist erdbebensicher und pflegeleicht, und egal, was sich über einem zusammenbraut, Unwetter oder Kriege, hier unten fühlt man sich sicher."

Monsieur Leray: „Aushöhlen war ja immer billiger als bauen, schon deshalb, weil man den Stein verkaufen konnte. Überall auf der Welt, wo es weichen Stein gibt, sind die Menschen deshalb unter die Erde gegangen. Überdies widerstehen unterirdische Dörfer der Zeit besser als überirdische – der Feind konnte sie zwar plündern, aber nicht niederbrennen. Dazu kommt: Hier unten verrottet nichts, weder Möbel noch Kleidung. Und schließlich braucht man für eine Wohnhöhle auch keine Grundsteuer zu zahlen."

Nein, die beiden lassen über dieses Thema nicht mit sich reden. Sie überhören Fragen wie: „Ist es nicht ein bisschen dunkel da unten?" oder „Eine konstante Temperatur von zwölf Grad ist im Winter ja ganz angenehm – aber im Sommer?". Immerhin kann ich ihre Faszination verstehen, seit ich vor einigen Jahren die private Unterwelt von Monsieur Richard in Coudray-Macouard besichtigt habe.

Es ging auf einer spiralförmigen Treppe in die Erde hinein, drei Etagen tief. Monsieur Richard, wohl an ungläubig staunende Besucher gewöhnt, kommentierte eifrig: „Das ganze Dorf ist unterhöhlt", sagte er. „Diese Gegend ist ja immer eine stürmische Ecke gewesen, hier stoßen die Touraine, das Poitou und das Anjou zusammen, zeitweilig saß der englische König im Anjou und der französische in der Touraine, außerdem gab es hier im frühen Mittelalter Normannen auf einer Loireinsel, Gründe genug also, sich immer tiefer einzugraben. Allein auf meinem Grundstück finden sich drei verschiedene Arten von Höhlen."

Als Erstes kamen wir in eine Höhlenwohnung mit drei Zimmern und einer gewölbten, grob behauenen Decke. Jeder Raum war mit einem großen Kamin ausgerüstet. „Eine Wohnung aus dem 13. Jahrhundert", sagte Monsieur Richard, „das hier war die Küche. Man nahm glühende Asche und füllte damit einen kleinen aus dem Felsen gemeißelten Herd. In jener Zeit grub man sich nicht von der Seite, sondern von oben hinein, schlug einen Schacht

Eine Welt für sich – die Höhlen des Anjou. Hier der Eingang zu einem mittelalterlichen Aussätzigenhospital. Die Köpfe des Weisen, des Teufels und des Tods.

in den Felsen, höhlte dann den Innenraum aus und stopfte zum
Schluss das Loch in der Decke zu, nicht ohne eine kleine Öffnung
zu lassen, durch die man das Haus wieder verlassen konnte. Sie
sehen, diese Wohnungen sind gar nicht so übel. Konstante zwölf
Grad Zimmertemperatur und bestens isoliert. Sie haben vier Meter
Fels über sich, da brauchen Sie im Winter nicht viel zu heizen."

Wir stiegen in eine neue Höhle ein. Ein weiter Felsbogen
spannte sich über den Eingang. Monsieur Richard richtete seine
Taschenlampe auf die rechten Wand und drei merkwürdige, tief
in den Stein geschnittene Köpfe wurden sichtbar. „Dieser Teil
nennt sich „La Leproserie". Ein Aussätzigenhospital. Dafür sprechen auch diese Köpfe. Der erste Monsieur mit dem kleinen Bart
hier, das ist der Weise. Der daneben mit den Hörnern, das ist der
Teufel. Und der letzte mit den leeren Augenhöhlen, das ist unverkennbar der Tod. Eine universelle Symbolik. Eine italienische Be-
sucherin hat mich kürzlich darauf aufmerksam gemacht. Wenn
man im Tarot die Karte des Teufels nach der des Weisen zieht, bedeutet das Krankheit. Und wenn auf die Krankheit der Tod folgt,
dann liegt das wohl in der Logik eines mittelalterlichen Aussätzi-
genhospitals."

Wir drangen tiefer ein. Monsieur Richard beleuchtete mit seiner Taschenlampe immer neue Gänge, immer neue Kammern. Es
kam mir vor, als würden wir durch das Gedärm eines unterirdischen Monsters spazieren. In einem Seitentrakt machte mich mein
Führer auf zwei Graffiti im Fels neben einem Gefängnistor aufmerksam, beide mit der Jahreszahl 1778 versehen: „Grillot bon

buveur" und „Brunet bon pour boire". „Das Gefängnis hat später wohl als Weinkeller gedient, jedenfalls haben hier offenbar zwei Saufkumpane einen Trinkerwettstreit veranstaltet und sich ihr Säuferdiplom als Gravur in der Felswand selbst ausgestellt: ‚Grillot, ein guter Säufer‘ und ‚Brunet versteht zu saufen‘. Und jetzt kommen wir zum unterirdischen Kloster. Hier lebten die Mönche von Coudray."

Nach und nach maß der Lichtkegel der Taschenlampe eine geräumige Halle aus. Schlanke Felssäulen waren als Stützpfeiler stehen gelassen worden. In die Wände hatten die Mönche Nischen für ihre Öllampen und Spalte für ihre Fackeln gehauen. Die hintere Wand öffnete sich zu einem Brunnenschacht, der nicht nur in die Tiefe, sondern auch weit nach oben führte. Auf beiden Seiten des runden Schachts waren Trittlöcher eingekerbt. „Dieser Brunnen war gleichzeitig das Treppenhaus. Vermutlich erforderte es etwas Geschick, in diesem Schacht breitbeinig auf und abzuklettern, aber so konnte man rasch die Stockwerke wechseln. Man muss sich die ganze Anlage ja als ein System kommunizierender Höhlen vorstellen. Und über unseren Köpfen kreuzt dieser Brunnenschacht einen breiten Fluchtgang, der schnurgerade verläuft, mit Zwischentüren alle dreißig Meter, durch die man sich gegen Feinde abschotten konnte. Dieser Gang führt zu einem unterirdischen Versammlungsraum, einer noch viel größeren Halle als dieser, mit Eisenringen in den Wänden, an denen Reiter ihre keuchenden Pferde nach einem tollkühnen, unterirdischen Ritt festbinden konnten – aber diese Halle liegt unter dem Grundstück meines Nachbarn, und der hat kürzlich den Gang zugemauert." Offenbar konnten sich ganze Truppenteile hier unten verstecken, mit Waffen und Gepäck. Sie mussten nur den versteckten Eingang zu diesem Fluchttunnel kennen.

Das also war Monsieur Richards Unterwelt. Und immer noch werden neue Höhlen entdeckt: Wenn Traktoren plötzlich in einem Feld versinken oder, wie Monsieur Richard mir damals erklärt hat, wenn die Rute eines Wünschelrutengänger plötzlich nach oben ausschlägt. Vielleicht gibt es solche Wünschelrutengänger nur im Anjou, jedenfalls schlägt bei den hiesigen die Rute nach unten aus, wenn sie auf eine Wasserader gestoßen sind, und nach oben, wenn sie eine Höhle entdeckt haben.

Monsieur Seitenwind

Ein anderer, dessen Bekanntschaft ich viel verdanke, ist Jacques Robin. Er wohnt in Saumur, und als ich ihn das erste Mal anrief, meldete er sich mit „Vent de travers". Ein gut gewählter Künstlername, wie mir seine Freunde später versicherten – „Vent de travers" könne nämlich sowohl Seitenwind heißen als auch jemanden bezeichnen, der mit dem Kopf durch die Wand geht, und beides passe hervorragend auf diesen Monsieur Robin. Einmal, weil er sich damit in die Tradition der Loireschiffer stelle, die alle nur unter ihrem Spitznamen bekannt gewesen seien. Und zum anderen, weil es einen so furchtlosen Dickschädel wie ihn kein zweites Mal gebe. Hätte er es sonst fertiggebracht, die erste Gabarre seit 150 Jahren zu bauen?

Es war seine Idee. Und jeder fand sie verrückt, damals, zu Beginn der neunziger Jahre. Wenn heute in St. Hilaire bei Saumur trotzdem eine Gabarre im Hafen liegt, dann nur, weil Robin, der Querkopf, nicht lockergelassen hat. Weil er den Bürgermeister von Saumur in seinem eigenhändig in den Felsen geschlagenen Weinkeller, seiner „Hauskapelle", solange mit Wein und Visionen traktiert hat, bis der die Schnapsidee des kleinen, stämmigen, energiegeladenen Mannes für einen glänzenden Einfall hielt. Jedenfalls war er dessen Trommelfeuer irgendwann nicht mehr gewachsen und kapitulierte vor dessen Argument: Welcher Tourist würde es über sich bringen, beim Anblick einer Gabarre, die sich unter geblähtem Segel vor der Schlosskulisse von Saumur präsentiert, an der Stadt vorbeizufahren? Robin durfte ans Werk gehen.

Pläne gab es nicht. Gabarres wurden ohne Konstruktionszeichnungen gebaut. Also studierte er alte Schiffsdarstellungen auf Gemälden und Porzellantellern, unterzog die Wracks von gesunkenen Gabarres, soweit zugänglich, einer eingehenden Prüfung, bestimmte selbst die Bäume für Rumpf und Mast, und wären die Planken seiner Gabarre nicht zentnerschwer gewesen, er hätte sie wahrscheinlich ohne fremde Hilfe gebaut. Ein halbes Jahr nach Baubeginn jedenfalls lief sie tatsächlich vom Stapel, die erste Gabarre des 20. Jahrhunderts, und man muss sie gesehen haben, um Robins Leistung würdigen zu können: ein Schiff ganz aus Eichen- und Fichtenholz, vier Meter breit, zwanzig Meter lang, mit einem

Nachbauten historischer Loireschiffe findet man heute in vielen Orten am Fluss. Besonders eindrucksvoll sind die Gabarres, die schweren Lastsegler.

15 Meter hohen Mast, 180 Quadratmetern Segelfläche und knapp fünfzig Zentimetern Tiefgang. Allein der Mast wiegt eine Tonne, die Gabarre selbst 22. Zusammengehalten wird das Ganze von 8 300 Nägeln, alle handgefertigt, jeder Nagel zum Preis von seinerzeit zwanzig Francs.

Und sie weist alle Tücken des Originals auf. Der Steuermann hat nämlich keine Sicht auf den Fluss. Ihm hängt das riesige Segel vor der Nase. Und dieses Segel ist nicht beweglich. Man kann mit einer Gabarre also nicht halsen und nicht kreuzen, sie fährt nur dann, wenn der Wind genau von hinten kommt. „Aber wenn da Wind drauf ist", sagt Robin mit leuchtenden Augen, „dann geht der Kahn ab. Und dann braucht man ein solches Monstrum von Ruder, um ihn auf Kurs zu halten." Was nun aber wirklich jeder europäischen Sicherheitsvorschrift widerspricht: Die Winde, mit der der tonnenschwere Mast vor jeder Brücke niedergelegt und nach der Durchfahrt wieder aufgerichtet werden muss, hat keine Arretierung. Vier Mann bedienen sie, und sollte nur einer loslassen, dreht die Winde durch und der Mast donnert aufs Deck. „Hinter der Winde ist kein Platz zum Ausweichen", sagt Robin mit demselben Leuchten in den Augen, „wenn die losrast, zerschmettern die Speichen dir den Kiefer, oder sie reißen dir den Brustkorb auf. In den alten Zeiten der Loireschifffahrt kam das alle Tage vor."

Kleine Schönheitsfehler, die der neuerwachten Begeisterung für die Loireschifffahrt keinen Abbruch tun. „Heute haben etliche Städte an der Loire wieder ihre eigene Gabarre", sagt Robin, als wir auch diesmal wieder auf seinen Weinkeller zusteuern. Er bückt sich, hebt eine Schnecke auf und wirft sie zu den anderen in den Drahtkorb, der am Eingang seiner Höhle hängt. „Die Schiffer waren große Schneckenliebhaber. Wenn sie an windstillen Tagen festsaßen, beschäftigten sie sich am Ufer. Bei feuchtem Wetter sammelten sie Schnecken, und bei schönem setzten sie sich in den Schatten und angelten. Loireschiffer hatten viel Zeit." Und die hat Robin nun auch, nachdem er eine von seinen vierhundert Flaschen im Keller entkorkt hat – „einige für Schiffstaufen, einige zum Trinken" – und zu erzählen beginnt. Dann wird sein Weinkeller zur Piratenhöhle, zur Schatzhöhle, und sehr viel später sieht man sich im Traum unter einem sternenübersäten Nachthimmel auf den Planken einer Gabarre liegen, das Segel als Bettdecke – so wie die Loireschiffer in den alten Tagen, so wie Robin alias Seitenwind noch heute manchmal.

Ein Musterschüler der Natur

Zu den Dingen, die mir am Anjou gefallen, gehört eine bestimmte rhetorische Frage. Sie lautet: „Und jetzt? Wie wär's mit einem Gläschen?" Darauf antwortet man mit „Gute Idee." oder „Glänzende Eingebung." und prostet sich im nächsten Moment mit einem hausgemachten Nussschnaps zu, was seltener vorkommt, oder mit einem Wein, was die Regel ist. In Saumur wird dieses Gläschen höchstwahrscheinlich einen feinen, eleganten Rotwein enthalten. Einen Champigny.

„Champigny ist ein großartiges Anbaugebiet", hatte Bernard Germain gesagt, „die Winzer dort können im Augenblick gar nicht genug produzieren." Und einer, der in den letzten Jahren ganz erheblich zum frischen Ruhm des Champigny beigetragen hat, ist Thierry Germain, sein Sohn. Er kommt mir auf dem Hof der Domaine des Roches Neuves in Varrains entgegen – auf den ersten Blick das genaue Gegenteil seines Vaters. Statt mühsam beherrschter Energie entfesselte Dynamik. Ein selbstbewusster Macher im makellosen, weiß-blau gestreiften Hemd. Fast sieht man dem 38-Jährigen an, dass die wichtigste Weinzeitschrift, der *Wine Spectator*, seinen Champigny unlängst unter die hundert besten Weine der Welt platziert hat, dass er fast die Hälfte seiner Produktion exportiert und vom Rest manches für gute französische Restaurants reserviert. Ohne Umstände zu machen, schließt er nach einem kurzen Händedruck seinen Weinkeller auf, und ich stehe in einem Prachtexemplar von Anjou-Höhle.

Gedämpftes, warmes Licht, eine scheinbar endlose Prozession von Holzfässern und ansonsten nackter Fels. Thierry Germain führt mich zu einem aufgerichteten Fass in einer geräumigen Nische und beginnt zu erzählen, mit einer Heftigkeit, aus der glühende Begeisterung spricht. Dies sei eine freundliche Gegend, sagt er, mit kalkhaltigen Böden, die seidige, elegante, komplexe, feine Weine ergebe. „Auf unseren 22 Hektar betreiben wir biodynamischen Anbau, damit die Rebwurzel tief in den mineralischen Boden eindringt. Hier im Keller sind wir neun Meter unter der Erde, und – sehen Sie? – an der Decke erkennt man die Wurzeln der Rebstöcke. Wir analysieren unseren Boden regelmäßig, wir wollen wissen: Ist er zu dicht? Hat er zu viel Stickstoff? Oder zu

Typisch für das östliche Anjou sind die stimmungsvollen Weinkeller. Dieser gehört zur Domaine des Roches Neuves in Varrains.

wenig? Und dazu brauchen wir Pflanzen als Indikatoren. In der Ausbildung hat man uns weismachen wollen, dass Unkraut eine Gefahr für die Rebe darstelle. Das Gegenteil stimmt: Unkraut hilft der Rebe. Unkraut teilt uns mit, was der Boden braucht. Der Boden drückt sich durch lebendige Pflanzen aus. Eine Distel zum Beispiel belüftet den Boden. Und wie oft hat man uns auf der Schule vor Disteln gewarnt!"

Ja, er bekämpfe die Technik im Weinbau. Warum? „Weil sie die Gedankenlosigkeit fördert", antwortet er. „Der Einsatz von Technik ist immer ein Angriff auf den Wein. Chemie im Weinberg oder im Keller tötet die Fantasie, weil sich der Winzer dann keine Fragen mehr stellt, weil er die Möglichkeiten der Rebe ignoriert. Aber die Beziehung zwischen Mensch und Rebe ist entscheidend. Ich versuche, mich dem Weinstock anzupassen. Ich will mehr und mehr zum aufmerksamen Beobachter werden. Das war nicht immer so. Vor zehn Jahren habe ich mich noch viel stärker als Akteur und Techniker gefühlt." Nein, er sei kein Fundamentalist. Aber das Wesentliche sei die Einstellung, der Esprit eines Winzers. Die Leidenschaft zähle und der Wille, sein Ziel zu erreichen.

Ich ziehe den Vergleich zwischen Winzern und Künstlern. Kommt es in seinem Beruf nicht im selben Maße auf Vision und Intuition, Gestaltungsdrang und Gestaltungslust an wie in der Kunst? Thierry Germain ist diesem Vergleich nicht abgeneigt, findet aber, dass er eher ähnlich wie ein kreativer Küchenchef arbei-

Thierry Germain (rechts) und sein Kellermeister im Weinberg. Ihr Champigny zählt zu den besten Rotweinen der Welt.

tet. „Ich habe keine rechte Vorstellung von dem perfekten Wein", gesteht er, „und ich weiß auch nie genau, wie ich mein Ziel erreichen soll. Wir Winzer experimentieren, tüfteln, probieren aus und bleiben dabei immer Schüler der Natur. Mit jedem Jahrgang beginnen wir neu. Es gibt nur zwei Dinge, auf die wir uns verlassen können: auf unsere Erfahrung und unser Gespür, unsere Empfindungen. Aber vielleicht haben Sie doch recht", meint er dann, „wir können Künstler sein, wenn wir uns von der Technik nicht blenden lassen."

Warum, frage ich mich, während Thierry Germain ein paar Flaschen vor mir aufbaut, erkennen wir nur diejenigen als Künstler an, die für Auge oder Ohr arbeiten? Warum nicht auch Menschen, die unsere Nase, unsere Zunge beglücken? Und was die Zwecklosigkeit der Kunst angeht, die ist beim Wein gegeben. Man trinkt einen solchen Wein, wie ihn Thierry Germain jetzt einschenkt, doch nicht gegen den Durst oder wegen des Rauschs. „Dies hier ist ein roter Terres Chaudes, Jahrgang 2005, von alten Rebstöcken, ein Cabernet franc", fährt er fort. „Normalerweise wird dieser Wein zwölf Monate lang in zwei- bis dreijährigen Fässern ausgebaut. Wir haben es anders gemacht. Wir haben ihn stattdessen in Edelstahltanks gefüllt, um seine ganze Frische zu erhalten. Mir geht es um die Reinheit, um die Seidigkeit, um die Mineralität des Weins, ich will diese Eigenschaften nicht durch den Ausbau maskieren.

Wenn Sie diesen Wein an die Nase bringen, nehmen Sie als erstes die Wärme des Sonnenlichts wahr und dann die verschiedensten Grassorten. In unseren Weinbergen lassen wir im Frühling nämlich das Unkraut in die Höhe schießen, damit ein richtiges Blütenmeer entsteht, und zu dieser Zeit überlassen wir die Stöcke ganz sich selbst, damit sie in Ruhe alle Düfte in sich aufnehmen können. Beim letzten Weinsalon in Angers hat man mir gesagt, dass unser Cabernet franc völlig unbekannte Duftakzente besitze. Ich führe das darauf zurück, dass ein ständiger Austausch zwischen der Rebe und ihrer Umwelt stattfindet. In diese Richtung gehen meine Ambitionen. Ich suche nicht das Exotische. Ich suche das Terroir, den Blütenhauch."

Um gleich zum letzten Champigny dieses Vormittags überzugehen: Es handelt sich dabei um einen Marginale von 2004, also um den Wein, mit dem die Domaine de Roches Neuves Weltgeltung erlangt hat, wie Thierry Germain sich ausdrückt. Platz 64 unter 12 400 verkosteten Weinen! Einziger Loirewein im Feld der ersten hundert! Politiker aus der Region haben ihm seinerzeit ihren Dank abgestattet. Nicht schlecht für einen, der noch vor 15 Jahren Kommunikationstechniker war und in Bordeaux lebte. „Der Beruf des Winzers war genau das Richtige für mich", sagt er, „genauso, wie das Anjou das Richtige für mich war. Wenn ich am Ufer der Loire entlanggehe, überkommt mich eine Ruhe, ein Frieden … Und ich spüre dann, wie viel mir die Menschen hier geben. Diese mitteilsame, bäuerliche Mentalität im Anjou ist doch etwas ganz anderes als das verschlossene Wesen der Leute in Bordeaux. Saumur ist meine Heimatstadt geworden. Hier gehe ich mit Leidenschaft und Begeisterung an meine Arbeit."

Nach Art des Hauses

An diesem Abend komme ich am Loireufer von Saumur an einem Gittertor vorbei, an dem ich in der Vergangenheit oftmals vorübergefahren sein muss. Aber zum ersten Mal fällt mir jetzt die belebte Terrasse dahinter auf, bemerke ich diese muntere Gesellschaft aus schmausenden, schwätzenden Leuten an großen Tischen. Das Gittertor allerdings ist verschlossen. Und auch die Haustür nebenan scheint verriegelt zu sein. Als sie sich schließlich doch öffnet, liegt ein langer, düsterer Gang vor mir. Ganz hinten fällt Licht aus einer weiteren Tür in diesen Gang. Und im nächsten Moment blicke ich in das einladend lächelnde Gesicht der Patronne hinter dem Tresen und in die unbewegte Miene eines alten Mannes in grau-weiß-gewürfelter Küchenkleidung und stehe in einem kleinen Kneipenraum mit gedeckten Holztischchen. Alle sitzen an diesem schönen Spätsommerabend draußen, und irgendwo dazwischen ist auch noch Platz für mich.

Mir ist klar, dass dies nicht der Ort für ausgefallene Bestellungen ist. „Ich möchte einen Fisch und ein Viertel Weißwein", sage ich, als der alte Mann an meinen Tisch tritt. „Ich habe keinen Fisch", entgegnet er ungerührt. „Was haben Sie denn?" – „Crudités, Tomates, Steak, Frites." Na schön. Und was soll ich sagen? Die Crudités sind ausgezeichnet, die Tomaten in Vinaigrettesauce sind ausgezeichnet, die Steaks sind hervorragend und die Frites auch – von der Gesellschaft um mich herum ganz zu schweigen. Monsieur ist zu abgeklärt, um für meine Komplimente erreichbar zu sein. Madame aber nimmt sie mit gebieterischem Gleichmut und einem kurzen Hochziehen der Augenbrauen entgegen. „À la maison", sagt sie nur und entschwindet in die Küche.

Huhn in Rotwein
KLASSISCHES GERICHT AUS DER FRANZÖSISCHEN
BISTROKÜCHE

WEINEMPFEHLUNG
Chinon

ZUTATEN FÜR 4 PERSONEN
1 küchenfertige Poularde (1,6–1,8 kg), Salz,
frisch gemahlener weißer Pfeffer, 60 g durchwachsener Räucherspeck,
2 Esslöffel Pflanzenöl, 50 g Butter, 1 ausgedrückte Knoblauchzehe,
150 g gewürfelte Zwiebeln, 100 g fein gewürfelte Möhren,
1 Flasche Rotwein (0,7 l), 2 Lorbeerblätter,
1 Kräutersträußchen (Petersilie, Majoran, Thymian,
ein wenig Liebstöckel), 50 g dreifach konzentriertes Tomatenmark,
200 g frische Champignons

ZUBEREITUNG IN 90 MINUTEN
Die Poularde innen und außen waschen und trocken tupfen.
Wie folgt zerteilen: Um den Schenkel zu lösen, die Haut
zwischen Rumpf und Keule durchschneiden, dabei den
Schenkel nach außen biegen. Diesen drehen, bis die Gelenk-
kugel herausspringt, dann das Gelenk mit leichtem Druck
durchschneiden. Den Flügel am Schultergelenk abtrennen,
dabei ein kleines Stück vom Brustfilet mit abschneiden.
Den parallel zum Rückgrat gespaltenen Rücken in der Mitte
teilen, dazu durch kurze Schläge das Rückgrat aufbrechen.
Um die Brustfilets zu gewinnen, vorsichtig rechts und links
entlang dem Brustbein einschneiden und flach ablösen. Das
Fleisch salzen und pfeffern.
Den Speck in Würfel schneiden. Das Öl in einer Kasserolle
erhitzen und die Speckwürfel darin hell anbraten. Das Fett
abgießen, die Butter dazugeben und aufschäumen lassen.
Die Poulardeteile einlegen und rundum kräftig anbraten.
Knoblauch, Zwiebel- und Möhrenwürfel zugeben, 10 Minu-

ten mitschwitzen lassen und den Wein aufgießen. Die Lorbeerblätter, das Kräutersträußchen und das Tomatenmark zufügen, den Topf schließen und bei 200 Grad im vorgeheizten Ofen 40 bis 50 Minuten schmoren, bis das Fleisch weich ist. Die geputzten Champignons zugeben und das Gericht bei offenem Topf weitere 10 Minuten im Ofen garen. Wahlweise kann die Sauce mit dem Huhn oder separat serviert werden. Als Beilage passen Kartoffeln oder Teigwaren bestens dazu. Für einen kräftigeren Geschmack die Hühnerteile über Nacht in dem Rotwein mit dem klein geschnittenen Schmorgemüse beizen.

„Terroir" lautet das Zauberwort

Kein Wort ist mir auf dieser Reise häufiger in Gesprächen begegnet als „Terroir". Vor allem Küchenchefs und Winzer führen es im Mund. Wie könnte man diesen Begriff übersetzen? Mit Boden? Das ist zu wenig, zu nichtssagend. Mit Territorium? Das klingt zu politisch. Mit Heimat vielleicht? Schon eher. Zwar hat Heimat einen zu warmen Klang, um die Sache genau zu treffen, aber die Vorstellung eines kulturellen Mutterbodens schwingt sicherlich mit.

Wenn Thierry Germain „Terroir" benutzt, klebt Erde daran. Aber es ist nicht die Erde von Schlachtfeldern. Auch nicht die, in der Helden oder Geistesgrößen ihre Fußspuren hinterlassen haben. Es ist die Erde, in der seine Rebstöcke wurzeln. In dieser Erde konzentriert sich das Charakteristische, das Unverwechselbare des Landstrichs, in dem seine Weinberge liegen. Die Bodenbeschaffenheit gehört natürlich dazu, aber auch das Klima, die Lage und die Landschaft, der Fluss, der schützende Höhenzug. Wenn heute so beschwörend von diesen Dingen die Rede ist, dann zweifellos deshalb, weil unter Winzern und Küchenchefs eine verstärkte Suche nach der eigenen Identität eingesetzt hat, als Reaktion auf die Bedrohung durch einen globalen Einheitsbrei. Wir wären allerdings nicht in Frankreich, wenn man sich bei dieser Suche mit der Wiederentdeckung der einheimischen Natur zufrieden geben würde. Für Franzosen zählt das Ursprüngliche nur in der verfeinerten Form des Genießbaren, Identität wird hier wie eh und je im Kulinarischen gesucht. Und nach den Regeln des Terroirbewusstseins gilt diese Suche dann als erfolgreich, wenn die Produkte eines Landstrichs ihre Herkunft durch ihren Geschmack und ihren Duft verraten. Für viele Loirewinzer heißt das, dass sie nicht mehr bereit sind, auf die Vorlieben eines internationalen Publikums Rücksicht zu nehmen.

Terroir ist Bodenhaftung – und ein erfolgversprechendes Rezept gegen den Anpassungsdruck des Weltmarkts, der für die führenden

Bourgueil, der traditionsreiche Weinort zwischen Saumur und Tours, ist aus seinem Dornröschenschlaf erwacht. Jetzt will man es hier mit den großen französischen Rotweinregionen aufnehmen.

Loirewinzer längst Realität ist: Thierry Germain exportiert nach Japan und in die USA, Bernard Germain beliefert sogar Kunden in Aserbaidschan und in der Mongolei. Es verlangt ein gewisses Maß an Zurückhaltung, dieses Rezept, einen Verzicht auf persönliche Originalität, aber es verführt offenbar nicht zur Selbstgenügsamkeit. Jedenfalls habe ich verschiedentlich erlebt, dass Winzer, die mit der Chenintraube arbeiten, einen sehr neugierigen Blick über die Grenzen werfen und sich vom Moselwein oder vom österreichischen Riesling inspirieren lassen. Thierry Germain etwa sagte: „Bei meinem Chenin suche ich die Rieslingnote, also die Frische und Reinheit eines guten Moselweins." Und damit genug der sentimentalen deutschen Erinnerungen an das Anjou. Jetzt geht es loireaufwärts in die Touraine.

Der Bourgueil, eine Entdeckung

Der Abschied fällt allerdings nicht leicht. Die Straße am südlichen Loireufer zwischen Saumur und der Einmündung der Vienne gehört zum Schönsten, was der Fluss in dieser Hinsicht zu bieten hat. Die nackten Tuffsteinwände des Steilufers sind mit Fenstern und Hauseingängen gespickt, und manches Dorf, manches Schlösschen wächst regelrecht aus den Felswänden heraus, zitronencremefarben das eine wie das andere, zwei Entwicklungsstufen desselben mineralischen Stoffs. Kurz vor der Brücke über die Vienne liegt das hübsche Dörfchen Candes, wo vor über 1 600 Jahren der heilige Martin, unser Sankt Martin, gestorben ist, seinerzeit Bischof von Tours und übrigens der erste in der Reihe der Heiligen, der zur Ehre der Altäre erhoben wurde, ohne den Märtyrertod gestorben zu sein. Und gar nicht weit davon, landeinwärts, befindet sich die imposante Klosteranlage von Fontevraud, die Eleonore von Aquitanien sich zum Alterssitz erkoren hatte.

Diese Eleonore (1122–1204) gehört zu den beeindruckendsten Frauengestalten des Mittelalters. Wie für Jeanne d'Arc, die andere große Unerschrockene, der wir hier auf Schritt und Tritt begegnen, ist die Loire für Eleonore so etwas wie ein Schicksalsfluss gewesen – auch wenn sie sich als bedeutendste Politikerin ihrer Zeit in einem sehr viel weiteren europäischen Rahmen bewegte, nämlich zwischen Schottland und Südfrankreich. Aufgewachsen in Bordeaux als Tochter des Herzogs von Aquitanien, heiratete sie mit 15 Jahren den französischen König Ludwig VII., nahm höchstpersönlich am zweiten Kreuzzug teil, ließ sich mit dreißig von Ludwig scheiden, vermählte sich gleich darauf mit Heinrich, dem Grafen von Anjou, wurde an dessen Seite Königin von England, zettelte eine Verschwörung gegen ihren Ehemann an, verbrachte zehn Jahre als dessen Gefangene in einem südenglischen Schloss, kehrte nach dem Tod ihres Mannes wieder in die Politik zurück, überquerte noch mit 78 zu Pferd die Pyrenäen und beendete ihr abenteuerliches Leben mit 82 in Fontevraud. Dort liegt sie, als polychrome Grabskulptur, Seite an Seite mit ihrem Sohn Richard Löwenherz, der fünf Jahre vor ihr den Tod durch das Geschoss eines Armbrustschützen fand – die Königin von England neben dem König von England.

Dieselbe Eleonore ist eines Tages großzügig dem Abt des Klosters Bourgueil beigesprungen, als der in finanziellen Nöten war. Vermutlich war ihr der Mann schon wegen des Weins sympathisch, den seine Mönche am rechten Loireufer kultivierten. Dieser Wein genoss bereits im 12. Jahrhundert einen guten Ruf. Er wird auf den großen Hoffesten ausgeschenkt worden sein, wenn Heinrich und Eleonore an der Loire weilten. Und während ihrer – relativ kurzen – Englandaufenthalte dürften die beiden einen Bourgueil jedem Themsewein vorgezogen haben. Man kann sich diese Zeiten heute noch bestens vergegenwärtigen, denn der romanische Weinkeller der Benediktiner von Bourgueil hat als Klosterkapelle überlebt, und der heutige Klostergarten ist ebenfalls eine sehr alte Anlage, mit langen Laubengängen, in denen man buchstäblich unter einem Himmel aus Weinreben wandelt.

Dies ist ein offenes, flaches Land, durch einen Höhenzug im Norden vor rauhen Winden geschützt, ganz und gar in der Farbe des Weinlaubs, gesprenkelt mit dem satten Dunkelblau der Cabernet-franc-Trauben und dem strahlenden Rot der Rosen, die auch hier die Weinberge säumen. 19 Hektar davon gehören Yannik Amirault, auf verschiedene Parzellen zwischen Bourgueil und St. Nicolas de Bourgueil verteilt.

Amirault ist mir empfohlen worden. Nur zwei Stunden zuvor habe ich meinen Besuch angekündigt. Diesmal habe ich Pech, Yannik ist verreist. Auf dem Gut treffe ich nur seinen 25-jährigen Sohn Benoît an. Was dann doch kein Pech ist, denn Benoît stellt sich als eigensinniger, nachdenklicher Mensch heraus, ebenfalls Winzer und fest entschlossen, den väterlichen Betrieb eines Tages zu übernehmen. Ob sein Vater eine Ausnahmeerscheinung unter den Winzern von Bourgueil sei, möchte ich von ihm wissen. Benoît deutet ein Kopfschütteln an. „Ich bin stolz auf meinen Vater", sagt er, „aber eine Ausnahmeerscheinung ist er nicht. Auch unsere Produktionsmethoden sind nichts Besonderes. Wir sind mit vielen Winzern an der Loire befreundet, die ihren Wein auf dieselbe Weise herstellen wie wir. Das Geniale finden Sie überall. Nein, mein Vater ist ein bescheidener Mensch. Er steht mit beiden Füßen auf der Erde. Aber er ist mit Leidenschaft bei der Sache. Wir machen eben Wein und keinen Orangensaft."

Der Cabernet franc von Bourgueil wächst auf einem breiten Streifen flachen Landes zwischen der Loire und einem Höhenzug, der die rauhen Nordwinde abhält.

Benoît, das merkt man gleich, ist von einem anderen Schlag als die Germains. Seine sympathische Nüchternheit ist vielleicht ein Familienmerkmal, aber womöglich ist sie auch ein Resultat seiner Auseinandersetzung mit diesem besonderen Wein. Denn der Bourgueil ist ja nicht dafür bekannt, einem den Kopf zu verdrehen. Er gilt als leicht und fruchtig und unkompliziert – das Zeug zum Star unter den französischen Rotweinen hat er jedenfalls nicht, nach allem, was man über ihn hört und weiß. Womit man dem Bourgueil unrecht tue, findet Benoît Amirault. „Sicher, wir haben viele sandige, also keineswegs großartige Böden", sagt er, „aber auch auf solchen Böden kann man außergewöhnliche Ergebnisse erzielen. Und zwar mit einfacher Technik. Ich denke da genau wie mein Vater: Je mehr Arbeit man vorher in den Weinstock investiert, desto weniger Mühe hat man hinterher mit dem Ausbau. Und je weniger man später eingreift, desto besser erhält sich das Terroir.

Benoît Amirault ist fest entschlossen, in die Fußstapfen seines Vaters zu treten.
Und der gehört zu den kreativsten Winzern von Bourgueil.

Deshalb haben wir vor sechs Jahren ganz auf biodynamischen
Anbau umgestellt. Deshalb achten wir darauf, unseren Wein nur im
reifen Zustand zu ernten – die Paprikanote, die dem Bourgueil
manchmal anhaftet, ist immer das Zeichen für eine überhastete
Lese. Und deshalb vermeiden wir den Fehler, so viel wie möglich
zu produzieren."

Benoît bedauert, nicht so redegewandt zu sein wie Thierry
Germain, den er gut kennt. Ich bedauere das nicht. Mir gefällt
seine ruhige Art und wie ihm bei aller Sachlichkeit die Verehrung
für seinen Vater anzumerken ist. Nein, sagt er, was die Methoden
angehe, seien sie bisweilen unterschiedlicher Auffassung. Aber was
das Ziel angehe, nie: Jeder Wein soll der authentische Ausdruck
seines Jahrgangs sein und den Charakter des Bodens bewahren.
Wenn er dann noch rund ist, Substanz und eine gewisse Mineralität hat und die typische Frische eines Loireweins mitbringt, dann
sei es ein Bourgueil, der sich hinter keinem Burgunder oder Bordeaux zu verstecken brauche.

Wir probieren einen Grand Clos des Jahrgangs 2004, ein Wein,
der auf Lehm- und Feuersteinböden gewachsen ist. „In drei oder
vier Jahren wird er besser sein", räumt Benoît ein, „die Tannine
könnten sich noch entwickeln ..." Das stimmt. Aber man spürt das
Potenzial dieses Weins. Er hat einen schönen Kirschholzton, er ist
konzentriert und tief. Ich habe ihn später zu einem herzhaften

Die Region Bourgueil weist eine Vielzahl unterschiedlicher Böden auf. Dieser Grand Clos von Yannik Amirault stammt von Lehm- und Feuersteinböden.

Linsensalat getrunken, und er war eine ideale Ergänzung. Benoît erzählt derweil, dass ein Drittel ihrer Produktion ins Ausland gehe, nach Europa, Japan und in den Libanon – und bemerkt mit resigniertem Unterton, dass der Export für sie wohl immer wichtiger werden dürfe. „Wer sich für uns interessiert, wer uns hier besucht, das sind vor allem die Ausländer", sagt er. „Junge Franzosen scheinen sich aus Wein überhaupt nichts mehr zu machen. Aber ist das ein Wunder, wenn ihre Eltern daheim kein Glas Wein mehr mit ihnen trinken? Dann bleiben sie zeitlebens bei den ordinären, süßen Sachen, bei Bier oder Cola."

Keine schöne Perspektive. Ich frage mich allerdings in diesem Augenblick, wie die ältere Generation der Libanesen oder Mongolen es finden wird, dass die traditionellen Getränke ihrer Länder immer weiter ins Hintertreffen geraten und eine immer größere Zahl ihrer Landsleute für Loirewein schwärmt, für einen Bonnezeaux von Château de Fesles oder einen Bourgueil von Yannik und Benoît Amirault?

Besuch bei einem Ausbund
unverschämter Lebensfreude

Es gibt in diesem Land jemanden, der ein großes Gelächter in die Welt gesetzt hat, der mit diebischer Freude alle, die die Wahrheit gepachtet zu haben glaubten, durch den Kakao gezogen und mehr zur Verherrlichung von Fressen und Saufen und Artverwandtem beigetragen hat, als irgendein anderer, und das ist der Mann mit dem kleinen spöttischen Lächeln in Chinon: der Maître Rabelais. Sein Standbild am Ufer der Vienne hat die entspannte Ausstrahlung eines Menschen, der sich von keiner weltlichen und keiner kirchlichen Macht einschüchtern lässt, der die Freiheit eines Christenmenschen – ganz im Gegensatz zu seinem deutschen Zeitgenossen Martin Luther – schön dionysisch definiert und der sich deshalb in seiner Haut sauwohl fühlt. So einer, meine ich, ist den Abstecher ins Hinterland der Loire wohl wert.

Im Übrigen ist schon das Hinterland allein den Abstecher wert. Von Chinon nach Seully führt die Straße durch eine prächtige Allee, als führe man durch das Schiff einer gotischen Kathedrale aus Astwerk und Laub, hinaus in ein Land wie aus Kindheitserinnerungen, mit stillen, menschenleeren Feldern im Sonnenlicht, mit fruchtstrotzenden Obstbäumen und Vogelgezwitscher und Böschungen voller Schafgarbe, Herbstblumen und Glockengeläut aus einem Dorf zwischen Äckern und Weinbergen und der gezackten Silhouette eines Schlosses am Horizont – spätsommerliche Pracht, wohin das Auge blickt. Hier hat Rabelais seine Jugend verbracht, hier tobte der groteske Krieg um die Fladenbäcker, hier haben der Riese Gargantua und sein Sohn Pantagruel ihre monströsen Gelage abgehalten. Und hier, auf der Straße nach Seully, habe er das Licht der Welt erblickt, heißt es. Die holprige Wegstrecke und die schlecht gefederte Kutsche, in der seine Mutter fuhr, sollen die Geburtshelfer des kleinen François Rabelais gewesen sein.

Sein Elternhaus ist ein schlichtes, graues Landhaus mit zwei Etagen und einem steilen Dach. Als 15-Jähriger ist er von hier in die Welt gezogen, 1509 war das, ist bei den Franziskanern ein- und wieder ausgetreten, hat dasselbe mit den Benediktinern durchexerziert, ist Weltgeistlicher geworden, hat Medizin studiert, sich

Westlich von Tours dominieren an den Ufern der Loire immer noch die kleinen Herrenhäuser, eingebettet in Weinfelder, und nicht die imposanten Schlösser, für die das „Tal der Könige" berühmt ist.

als Arzt in Lyon niedergelassen und geschrieben – mit ansteckendem Übermut. Den Riesen Gargantua hat er nicht erfunden, der war eine volkstümliche Sagengestalt, aber Rabelais hat ihn zu diesem Ausbund wahnsinniger Lebensfreude gemacht, der die Wächter über Anstand und Ordnung auf den Plan rief. Das ging entschieden zu weit, das war unverschämt schamlos, da spielten diverse Körperteile eine zu große Rolle bei der Erlösung aus der Trübsal – kein Wunder, dass ihn der Bannstrahl der Sorbonne traf. Der französische König, so heißt es, habe sich schließlich nicht mehr anders zu helfen gewusst, als Rabelais Narrenfreiheit zuzusichern.

Dieses Elternhaus ist heute ein Museum. Es gibt dort einer Sammlung hinreißender Illustrationen seiner Geschichten, von Doré bis Derrain, und ich verstehe nun, dass ich in fünf Jahren Französischunterricht keine Zeile von Rabelais zu Gesicht bekommen habe. Man hätte als Schüler womöglich etwas davon gehabt. Der Mann ist so herrlich unverklemmt, dass es sich bis heute verbietet, ihn wahllos zu zitieren.

Von Fundstücken und Prunkstücken

Zurück im Reich des Bourgueils komme ich auf der Suche nach einem Nachtquartier nach Ingrandes. Das Dorf ist winzig. Hier gibt es nichts als Wein, nicht einmal einen Bäcker, nicht einmal eine Bar tabac. Dafür acht Winzer, die Fremdenzimmer anbieten. Chambre d'hôte heißt es lakonisch auf dem Schild am Tor eines Gebäudekomplexes, der sich hinter hohen Mauern versteckt und zu dem benachbarten Schloss zu gehören scheint. Ich schelle, eine Dame in greller Freizeitkleidung öffnet mir – und im nächsten Moment stehe ich in dem schönsten Zimmer, das ich als Privatgast je bezogen habe. Chambre d'hôte? Ein Häuschen ganz für mich allein, bestimmt dreihundert Jahre alt, mit einem Fußboden aus hellen Tuffsteinplatten, offen bis zum Giebel, luftig und hell, voll schöner, alter Möbel und farbenprächtiger Stoffe, mit einem sicheren Geschmack für das Ausgefallene eingerichtet, aber nicht überladen.

Der nächste Morgen wartet mit neuen Überraschungen auf. Das Frühstück wird in einem traumhaft schönen Raum im Haupthaus eingenommen – alter Steinfußboden, riesiger Kamin, herrliche alte, englische Möbel, erlesenes Geschirr, drei Sorten Marmelade und ringsum an den Wänden die fantastischste Sammlung bizarren, surrealistischen Trödels, die ich je gesehen habe. Dieses Frühstückszimmer ist ein Grünes Gewölbe der Fundstücke und Prunkstücke, voll mit dem kuriosesten Strandgut der Jahrhunderte. Hier waltet ein Geist, der von einer barocken Sammelleidenschaft besessen ist, der auf dem Gebiet des Geschmacks das kühne Experiment und das verblüffende Resultat liebt, der des Geoffrey Luff.

Natürlich sind sie Engländer, Joy und Geoffrey Luff. Zwei lebende Beispiele für die englische Invasion an der Loire, von der Bernard Germain ironisch sprach. „In Angers sitzen mehr Notare als in jeder anderen Stadt Frankreichs", hatte er gesagt, „für jedes Schloss im Anjou mindestens einer. Und ihre Kunden sind keine Deutschen oder Schweizer. Ihre Kunden sind Engländer." Als Geoffrey am zweiten Tag endlich einmal aus seiner Werkstatt herauskommt, stellt sich heraus: Auch das Schloss nebenan ist in englischem Besitz. Es gehört ihm.

Wir sitzen an dem schweren englischen Tisch in seinem Grünen Gewölbe, Joy bringt zwei Tassen Kaffee, Geoffrey erzählt. Beide sind sie in London aufgewachsen. Vor dreißig Jahren kaufte sein Vater das Schloss und bat ihn, für ein paar Monate an die Loire zu kommen, um die Renovierungsarbeiten zu überwachen. „Das Haupthaus stand seit 1856 leer", sagt er, „Zwischenzeitlich hatte es als Getreidelager gedient. Ich erinnere mich noch an den modrigen Geruch, der mir entgegenschlug, als ich es zum ersten Mal betrat. Aber das Dach hatte gehalten, die Fensterläden waren all die Jahrzehnte geschlossen gewesen, und mir war klar: Das ist zu retten."

Aus den paar Monaten wurden dreißig Jahre. Eine Liebesgeschichte, sagt Geoffrey lächelnd. Alles wurde wiederhergestellt, auch die Wirtschaftsgebäude, zu denen mein bezauberndes Übergangsquartier gehört. Und gleich vor dem Schloss, da, wo sonst der Ziergarten und der Springbrunnen ihre Plätze haben, wurde ein kleiner Weinberg angelegt. Ein französischer Freund bewirtschaftet ihn. „Als Liebhaberei", sagt Geoffrey, „mehr als zweitausend Flaschen im Jahr gibt das kleine Feld nicht her. Davon bekommen wir fünfhundert. Das ist hier so üblich: drei Viertel des Ertrags für den Winzer, ein Viertel für den Besitzer. Aber wir trinken die meisten Flaschen sowieso gemeinsam."

Und wer von beiden ist nun der Sammler, Joy oder er? Geoffrey steht auf und geht hinüber zu dem Regal an der hinteren Wand. Es liegt fast im Dunkeln, nur hier und da beleuchten kleine Punktstrahler eine Sammlung bauchiger Flaschen aus tiefbraunem Glas, keine wie die andere. „Das ist der Kern meiner Sammlung", sagt er, „ich bin ein großer Weinliebhaber. Aber fast noch mehr kann ich mich für alte Weinflaschen begeistern. Diese hier ist fast dreihundert Jahre alt. Davon haben nur ganz wenige überlebt. Und die dort gehört zu den ersten Flaschen, die nicht mit einem Holzkohlefeuer, sondern mit einem Steinkohlefeuer hergestellt wurden. Mit den Weinflaschen fing es ja erst um 1700 an. Vorher wurde Wein fast ausschließlich in Fässern aufbewahrt. Meine Kollektion deckt das erste Jahrhundert der europäischen Flaschenproduktion ab, also gewissermaßen von der Schöpfungsgeschichte bis 1800 – selbstverständlich alles mundgeblasen. Nach 1800 wird es mir zu modern." Den ganzen Rest, die surrealistischen Uhren, die Jules-

Verne-Roboter, die Jugendstil-Aschenbecher, übergeht er mit Schweigen.

Mir ist klar, dass die beiden über Mittel verfügen, die sie nicht durch Arbeit erwirtschaften müssen. Aber irgendetwas scheint Geoffrey doch ziemlich inbrünstig in seiner Werkstatt zu betreiben. „Ich zeig's Ihnen", sagt er und steigt vor mir die Wendeltreppe hoch. Das geräumige, helle Dachgeschosszimmer wird größtenteils von einem Arbeitstisch eingenommen, und auf diesem Tisch stehen Dinge, die ich noch nie gesehen habe, die mir in keinem Museum, auf keiner Reise je begegnet sind. Zu Keramik erstarrte amphibische Terrarien, würde ich sagen, Teller und Schüsseln mit Fröschen und Schlangen und Lurchen und Hechten und Aalen besetzt, alle in Lebensgröße, alle in ihren natürlichen Farben schillernd. Völlig unbrauchbar, aber schön. Geoffrey lächelt. Er lächelt überhaupt gern. Auch er scheint zu den zufriedenen Menschen zu gehören. „Palissy-Keramik", sagt er, „der da an der Wand, das ist er." Er zeigt auf ein Poster, auf dem ein temperamentvoller Mann gerade im Begriff steht, einen Stuhl in einen Brennofen zu werfen, und eine Frau, die diesem Treiben durch die offene Haustür mit entsetzengeweiteten Augen zuschaut. „Bernard Palissy. Ein französischer Töpfer aus dem 16. Jahrhundert. Diese Darstellung hing früher in französischen Schulstuben. Palissy war besessen von seiner Idee, Tonschüsseln mit lebensechten Tieren zu bestücken, aber niemand wollte ihm das Zeug abkaufen. Eines Tages hatte er kein Geld für Brennholz mehr, da hat er seine letzten Möbel verfeuert. Eine berühmte Szene. Und heute sieht man seine Keramiken in den bedeutendsten Museen."

Und wie macht man so etwas? Geoffrey Luff fängt die Tiere. Oder kauft sie auf dem Fischmarkt. Und dann friert er sie ein, stellt einen Gipsabdruck her und gelangt so an seine Form. Er muss über zahllose Formen verfügen, denn auf diesen Tellern und Schalen wimmelt es von Getier in immer neuen Stellungen, selbst kopfüber in einen Teich springend, nämlich den Boden der Schüssel, der in dieser verrückten Fantasiewelt als Wasserspiegel herhalten muss. Und verkäuflich ist dergleichen auch: Galerien in den USA nehmen ihm seine gesamte Produktion ab, etwa fünfzig Stück im Jahr. „Bei dieser Arbeit verausgabe ich mich nicht wirk-

Es gibt heutzutage nicht viele, die Keramiken im Stil von Bernard Palissy herstellen. Der Engländer Geoffrey Luff in Ingrandes gehört dazu.

lich. Aber irgendwie muss man sich ja beschäftigen", sagt er – und lächelt.

Drei Tage bleibe ich in Ingrandes. Man trifft sich jetzt gelegentlich im Garten, und einmal kommen wir auf Wein zu sprechen. Wenn der Bourgueil eine Person in einem Drama wäre, frage ich ihn, welche Rolle würde er dann auf der Bühne spielen? Geoffrey überlegt. Und sagt dann: „Den Vetter vom Land vermutlich. Mit recht bäuerlichen Manieren, aber anständigem Charakter. Zur Weinaristokratie wird er jedenfalls nie gehören. Nicht, dass ich diesen Burschen nicht lieben würde – ich lebe ja hier, und wir kommen gut miteinander aus. Aber hervorragend ist er nur in Ausnahmefällen." Und dann stellt sich heraus, dass Yannik Amirault zu der Weinprobiergruppe gehört, mit der sich Geoffrey seit zwanzig Jahren alle paar Monate trifft, mal bei dem einen, mal bei dem anderen Winzer. „Irgendjemand kocht etwas, und dann nimmt man sich die Flaschen vor, die jeder mitgebracht hat. Weine aus aller Welt, aber natürlich auch Bourgueils. Und Yanniks Weine zählen zu den besten, kein Zweifel. Er gehört zu der Handvoll von Winzern, die in Bourgueil die treibende Kraft bilden. Einer der Ausnahmefälle, von denen ich sprach."

Am liebsten würde ich hier bleiben, bis zum nächsten Treffen von Geoffreys Wine Tasting Group. Nur müsste ich dann bis nach der Lese, womöglich bis Dezember in einem Dorf ohne Bäcker, ohne Bar tabac ausharren. Und – wie Geoffrey richtig sagte – irgendwie muss sich der Mensch ja beschäftigen.

Schlemmen mit Balzac

Die Kirchenglocke von Saché schlägt viermal, etwa fünf Minuten, nachdem die Kirchturmuhr vier angezeigt hat. In Balzacs Arbeitszimmer werden einem die Stunden dröhnend, aber mit einer kleinen, gnädigen Verzögerung in Erinnerung gerufen. Ansonsten – nicht das geringste Geräusch, das perfekte Idyll: ein kleiner Park im Grund eines Tals, auf der Anhöhe gegenüber ein Wald und hier, an der Dorfstraße, dieses schmucklose Renaissanceschlösschen zwischen dunklen Kastanien – der angenehmste Ersatz für eine Klosterzelle. Ruhe und Kaffee, viel Kaffee, sehr viel Kaffee, hat Balzac gebraucht, wenn er schrieb – und in Saché hat er das eine wie das andere gefunden.

Heute ist das Schloss von Saché ein Balzac-Museum. Briefe, Erstausgaben, Karikaturen, Zeitungsartikel und Fotos. Der 51-jährige Balzac auf dem Totenbett, halb zur Seite gesunken in hohen Kissen. Und Balzac als Gipsmodell in einer Studie von Rodin, als nackter literarischer Kraftmensch, abweisend die Arme im Lauf vor der fleischigen Brust verschränkt, mit mächtigem, vorgewölbtem Bauch und wulstigem Hals, ein aufgeschwemmter bürgerlicher Titan. Sein Arbeitszimmer ist eine niedrige Kammer mit Bett und Schreibtisch am Fenster, darauf eine Öllampe und die unvermeidliche Kaffeekanne. Viele Werke, die später seiner „Menschlichen Komödie" zugeordnet wurden, sind an diesem Tisch niedergeschrieben oder korrigiert worden. Von 1846 an kam er noch häufiger in diese Einsamkeit, denn damals wurde die Eisenbahnstrecke Paris–Tours fertiggestellt, womit sich die Fahrtzeit von Paris nach Saché von 23 Stunden auf fünf verringerte. Dass ihn die Reise obendrein nicht mehr achtzig, wie zuvor, sondern nur noch zwanzig Francs kostete, wird Balzac, der zeitlebens auf der Flucht vor Gläubigern war, noch mehr für den technischen Fortschritt eingenommen haben.

Und nun, da ich zum Abendessen das mittelalterliche Gemäuer der *Auberge du XII. Siècle* gleich nebenan betrete, schwebt seine Leibesfülle mir als lästige Mahnung vor Augen. Aber nur kurz. Der Gastraum – dezentes Dämmerlicht, keine Musik, dunkle Holzbalken, weiße Tischdecken – nimmt einen sofort für diese typisch französische Herberge alten Stils ein. Hier hat man Platz, hier kann man sich auch verbal ausbreiten, der Nachbar tafelt in angemessener Entfernung. Und „Tafeln" darf man die Beschäftigung des Verzehrens in diesem Ambiente wohl nennen. Vorweg ein Glas Savennière, der erneut bezaubernde Bilder von Weinbergen und Mauern aus geschichtetem Schiefer wachruft, und zum Essen dann ein roter Chinon des Jahrgangs 2004. Als Vorspeise nehme ich Wachteln, die auf Feldsalat mit Cherrytomaten, Lauch, Mandeln und Rosinen serviert werden. Die Wachteln sind dem Küchenchef Thierry Gimenez zart und saftig geraten, ein verheißungsvoller Auftakt. Das anschließende Côte de Veau ist ein kulinarisches Ereignis. Absurderweise schießt mir beim ersten Bissen der Gedanke durch den Kopf: zum Essen eigentlich zu schade. Eine Augenweide ist dieses Kalbskotelett, mit seinem Kranz aus gebratenen Kartoffelscheiben, dem Spinat, den Pfifferlingen und den Weintrauben. Die Sauce, mit etwas Cointreau abgeschmeckt, korrespondiert hervorragend mit dem süßen Geschmack der Weintrauben. Auf Geoffreys Empfehlungen – ich wusste es – ist Verlass. Und das Schwelgen nimmt so bald kein Ende. Ein Ziegenkäse schließt sich an – das gehört sich so an der Loire –, gefolgt von einem Eissorbet mit kandierten Nüssen, Orangen- und Pampelmusenstückchen sowie, zu guter Letzt, einem Tässchen äthiopischen Kaffees, den Balzac zweifellos zu schätzen gewusst hätte. Dieser Auberge, finde ich, sind noch viele weitere Jahrhunderte zu wünschen.

Schokoladenfondant mit Orangenfilets

Klassisches französisches Dessert

Zutaten für 4 Personen

250 g Bitterschokolade (60 Prozent),
250 g Butter, 200 g Zucker,
4 Eier, 1 Esslöffel Mehl, 1 Esslöffel Orangenlikör
Zutaten für das Orangenragout:
4 Orangen, 1 Esslöffel Zucker, 4 Esslöffel Orangen- oder
Aprikosenmarmelade, 1 Becher Sahne, 1 Vanilleschote

Zubereitung in 90 Minuten

Schokolade im Wasserbad schmelzen, Butter und Zucker dazu und gut verrühren. Die Eier verquirlen, zur Schokomasse geben, das Mehl und den Orangenlikör dazu. Eine Kastenform gut ausbuttern, die Schokomasse hineinlaufen lassen und in eine Saftpfanne stellen, die zweifingerhoch mit heißem Wasser gefüllt ist. 75 Minuten bei 160 Grad stocken lassen.

Währenddessen das Orangenfilets anrichten: Eine Orange auspressen, die anderen 3 schälen und filetieren. Den Saft, die Marmelade und den Zucker einkochen lassen. Die Filets hinzugeben und alles abkühlen lassen. Das Vanillemark auskratzen und mit der Sahne verrühren. Den Zucker dazugeben und alles steif schlagen.

Das abgekühlte Schokoladenfondant, wenn möglich stürzen, in dünne Scheiben schneiden und mit dem Orangenfilets anrichten.

Ein Hauch von Großstadt

Etwas Klatsch gefällig? Etwas Pikantes? Monsieur Métardier hatte es mir erzählt, als ich ihn vor Jahren fragte, wie Balzac, der doch in Tours aufwuchs, überhaupt auf dieses Schlösschen in Saché gekommen sei. Er räusperte sich. Er betreute seinerzeit das Museum, er kannte die Hintergründe, und bei diesen Hintergründen spielen Balzacs Mutter und der Schlossherr von Saché die Hauptrollen. „Die Balzacs hatten in Tours ein offenes Haus", sagte er, „und unter den zahlreichen Gästen war auch der Eigentümer dieses Schlosses. Nun war die Mutter Balzacs ein junges, hübsches Ding, 32 Jahre jünger als ihr Gatte, und der Schlossherr von Saché ein gutaussehender, unglücklich verheirateter Mann. Es kam, wie es in solchen Fällen immer wieder kommt: Erst sehr viel später hat sich herausgestellt, dass Balzacs jüngerer Bruder in Wirklichkeit sein Halbbruder war. Balzac war also gut mit den Eigentümern von Saché bekannt und hier gewissermaßen en famille."

Balzacs Geburtshaus in Tours ist im Zweiten Weltkrieg ein Opfer der Flammen geworden, so wie ein Großteil des flussnahen Stadtgebiets, daher die hässliche moderne Uferbebauung. Das mittelalterliche Stadtviertel, das den ersten öffentlichen Auftritt von Jeanne d'Arc in ihrer Rüstung erlebt hatte, wurde im 17. Jahrhundert weitgehend abgerissen. Und von der imposanten St. Martins-Basilika, im 12. Jahrhundert über der Grabstätte des heiligen Martin errichtet, steht nur noch der Turm. Mit anderen Worten: Tours ist eine Stadt, die erst auf den zweiten Blick gefällt, dann aber durchaus. Das liegt, was mich angeht, an den langen Reihen einladender Korbstühle im Schatten der Alleen, an den Straßencafés und Brasserien und an Leuten wie dem Mann in der Bar *Le Vieux Château*, einem in die Jahre gekommenen Filou mit einem Schnäuzer wie Balzac, der dem Schwesternpaar hinterm Tresen blumige Komplimente macht, welche die beiden, zwei stark geschminkte Matronen in tropisch geblümten Sommerkleidern,

Das Bekenntnis eines Weinliebhabers in einer Bar am Wegesrand: „Der Himmel ist zu hoch, die Erde ist zu tief, nur der Tresen hat die richtige Höhe."

spitzzüngig heimzuzahlen wissen – zwei Regentinnen, die über Kasse und Pastis wachen und mir mehr Eindruck machen als die Dame Loire auf dem Rathausdach von Tours. Die ist eine langweile Barbusige, die sich, wie könnte es anders sein, auf eine umgekippte Amphore stützt und den Passanten unten mit etwas winkt, das ein Oberschenkelknochen sein muss. Da halte ich mich lieber an die echte Loire ...

Monsieur Martin hält die Tradition hoch

Die Straße am linken Loireufer, flussaufwärts gesehen, führt unmittelbar am Fluss entlang – ein besonders schöner Flussabschnitt, von großen Inseln zerteilt, dicht bewachsen mit hohen Bäumen, deren Stämme sich wie ein Wald von Schiffsmasten im silbergrünen Strom spiegeln. Rechterhand wieder Weinberge. Man hat sich an ihren Anblick längst gewöhnt – und darf trotzdem kurz darüber staunen. Denn hätten die Römer nicht Gallien erobert, würde hier statt Wein womöglich Hopfen wachsen.

Erinnern wir uns: De bello Gallico, Cäsar. Reinster Imperialismus und trotzdem segensreich. Denn die Legionäre, die sich damals an der Loire und anderswo in Frankreich auf einem längeren Auslandseinsatz befanden, hatten abends Anspruch auf ihr Viertele, so stand es in ihren Arbeitsverträgen, und statt den Wein amphorenweise von Italien über die Alpen herbeizuschaffen, hielt es die römische Militärverwaltung für klüger, ihn gleich an Ort und Stelle zu erzeugen. Der Weinbau hier war also anfangs Kundendienst an den eigenen Soldaten. Überall, wo eine römische Legion stationiert war, bedeckte deshalb alsbald Weinlaub das Gelände im Umkreis eines Lagers.

Die Römer haben auch andere Spuren am Fluss hinterlassen. Die heutige Nationalstraße entlang der Loire war ursprünglich ein römischer Verkehrsweg. Westlich von Tours, bei Luines, ragen die dreißig Pfeiler eines römischen Aquädukts wie eisgraue Riesenzähne aus einem Feld – zwei davon dienen einem Gehöft als Torpfosten. Und nicht weit davon entfernt steht am Fuß eines Hangs ein schlanker Backsteinturm, genau hundert römische Fuß oder dreißig Meter hoch – la Pile de Cinque Mars. So solide, dass Kanonenbeschuss ihm nichts anhaben kann, steht auf einer Erläuterungstafel, aber untenherum doch so beschädigt, dass er wie eine angeknabberte Möhre aussieht. An der Spitze erkennt man ein Mosaik aus verschiedenfarbigen Backsteinen, darüber vier meterhohe Ziegelpfosten. Die Legende schreibt diesen Turm Cäsar zu, aber wahrscheinlich stammt er aus dem 3. Jahrhundert. Er könnte ein Wachtturm gewesen sein, zur Kontrolle der Einmündung des Cher in die Loire. Oder ein Signalturm für den Schiffsverkehr auf der Loire. Da er massiv ist, darf man sich eine

Außentreppe vorstellen und ein weithin sichtbares Leuchtfeuer zwischen den oberen Pfosten.

Aber die verlockendste Spur der Römer ist doch der Wein. Und die führt mich jetzt nach Montlouis bei Tours, genauer gesagt: zu dem Winzer Christian Martin. Wir waren uns 1994 zum ersten Mal begegnet. Ich hatte ihn als verschmitzten, humorvollen Unterhalter kennen gelernt, der Touristengruppen im Keller der Kooperative bonmotgewürzte Darbietungen lieferte, dabei liebenswürdig und bescheiden. Alte Schule, um die sechzig Jahre alt. Machte nicht viele Worte zu seinem Wein, schwärmte einem nichts vor, erzählte aber eine Anekdote nach der anderen. Alles war bei ihm Handarbeit: Die verkauften Flaschen wickelte er in Zeitungspapier ein, und sein Export bestand in einer jährlichen Rundreise durch die Bretagne mit einem Lieferwagen voller Weinkartons – die einzige Gelegenheit für ihn, alte Freunde zu besuchen. Andere Ferien kannte Monsieur Martin nicht, beherrschte aber vier Fremdsprachen und sprach auch sehr gut Deutsch.

Ich erinnere mich an unsere erste Weinprobe. Da war diese Felswand gleich hinter seinem Haus mit dem Eingang zu einer stockfinsteren Höhle. Innen, zwischen alten, spinnwebenüberzogenen Holzfässern, ahnte man einen kleinen Tisch, ein paar Gläser und eine Batterie von Flaschen. Christian Martin entzündete zwei Kerzen. Irgendwann landeten wir bei einem weißen 83er Montlouis. Ich staunte – elf Jahre sind ja kein Pappenstil. Das sei gar nichts, entgegnete er. Sein ältester Weißwein sei genauso alt wie er. Der Geschmack sei schwer zu beschreiben, zumal er nur an besonderen Geburtstagen eine Flasche davon öffne, aber er sei ganz weich, von einer Farbe wie das Sonnenlicht. „Ein Montlouis hält vierzig Jahre", sagte er, „und wenn Sie dann den alten Korken gegen einen neuen austauschen, hält er noch einmal weitere vierzig." Dann verschwand er und kehrte mit einer Flasche des Jahrgangs 1987 zurück. „Den lagern Sie, solange Sie wollen. Nur eins sollten Sie beherzigen: Trinken Sie ihn, bevor Sie sterben – spätestens in der Stunde Ihres Todes." Typisch Martin. Seither liegt diese Flasche in meinem Keller, als Sterbewein deklariert.

Die größte Überraschung kam noch: sein Keller. Wir schlängelten uns durch regelrechte Weinkatakomben, durch gewundene Gänge mit grob behauenen Wänden, ganz und gar mit einem

Das Werk dreißigjähriger Handarbeit mit der Spitzhacke – der Weinkeller von
Christian Martin in Montlouis. Der weiche Tuffstein macht's möglich.

schleimigen, im Licht der Glühbirnen glitzernden schwarzen Pilz
überzogen, zu beiden Seiten große Nischen, in denen Tausende
von Flaschen schimmern. Und währenddessen erklärte Monsieur
Martin mir feierlich, dies alles sei sein Werk, er habe dieses Labyrinth mit einer Spitzhacke eigenhändig aus dem Fels gehauen,
täglich zehn Zentimeter, und das dreißig Jahre lang. Mit 18 habe
er angefangen und fortan jeden Abend, nach der Arbeit im Weinberg, zwei Stunden lang hier unten auf den Fels eingeschlagen.
„Ich grub und grub", sagte er lachend, „und jeden Morgen nach
dem Aufstehen ging es als erstes zurück an diesen Ort, um den
Schutt hinauszuschaffen."

Ganz am Ende seines Kellers führte eine Treppe nach oben, die
in einen Raum mit Tisch und Stühlen mündete, einen kleinen Saal
mit sorgsam geglätteten Felswänden – im Mittelalter eine Wohnung, nun seine Weinverköstigungsklause für gute Kunden.
Und warum gab es hier oben keinen Pilz?

„Kein Wein, kein Pilz", sagte er. „Der Pilz lebt mit dem Wein,
nur mit dem Wein! Der Wein ist ja nicht nur in den Fässern, er
ist auch in der Luft! Im Weinkeller kommuniziert alles miteinander. Und dieser Pilz ist wunderbar. Er speichert die Feuchtigkeit
und sorgt für eine gleichbleibend kühle Temperatur. Zehn Grad
haben wir unten in meinem Weinkeller, mehr nicht. Dieser Pilz
ist das Geheimnis meiner Höhle."

Christian Martin mit Öchslegradmesser in seinem Weinberg. Von Experimenten hält der 72-jährige nicht viel. Seine Kunden sind ihm dankbar dafür.

Sein Wein hingegen war immer etwas geheimnislos. Ich glaube jedoch, dass seine Kunden es schätzen, von Christian Martin bis heute mit dem gleichen Wein wie vor dreißig Jahren beliefert zu werden. Und dass sie den Mann mindestens ebenso sehr schätzen wie seine Weine. Es sind Menschen wie die Bürgermeisterin einer bretonischen Gemeinde, die diesmal mit ihrem Ehemann vor dem verschlossenen Tor zu seinem Keller auf ihn wartet. Menschen, für die sich das Terroir im altvertrauten Geschmack, im jahrzehntelang unveränderten Etikett und in heiteren Erinnerungen niederschlägt, Erinnerungen an den letzten Besuch bei Monsieur Martin in Montlouis und an die winzigen Dörfer im Weinland zwischen Loire und Cher, diese stillen, selbstzufriedenen, von der Welt vergessenen Dörfer, wo niemand sich an den altersgrauen Spinnwebengirlanden vor den großen Holztoren stört, niemand das Unkraut auf den brach liegenden Grundstücken jätet und niemand sich um das völlig zugewucherte Wrack eines 2CV kümmert, das im Schatten einer Erle neben der Dorfstraße vor sich hingammelt. Schmuck sind diese Dörfer nicht, eher Inbilder einer wuchernden Fruchtbarkeit und Zeugen einer Vergangenheit, in der Wein getrunken und nicht beschnuppert wurde.

Diese heile französische Welt lebt auch im Gespräch mit Christian Martin wieder auf, in den Erzählungen des 72-Jährigen und seinen liebgewonnenen Bonmots. „Meine Weine sollen nach Wein schmecken, nicht nach Holz", sagt er, als wir in dem abenteuerlichen Chaos seines Arbeitszimmers beisammensitzen. „Deshalb habe ich nur alte Fässer. Einige davon wurden schon von meinem Großvater vor dem Ersten Weltkrieg angeschafft. Ich habe immer Wein gemacht für Leute, die sich nicht aus der Ruhe bringen lassen, die täglich ihren Rotwein trinken und nur am Sonntag eine Flasche Weißwein öffnen, weil es Fisch gibt oder die Verwandten kommen. Weißwein, das ist ein Festwein, den trinkt man nicht alle Tage. Wobei zu einem richtigen Festessen natürlich viele unterschiedliche Weine gehören. Zu Weihnachten, am Neujahrstag oder bei einer Hochzeit, wenn alle um die Tafel versammelt sind, gibt es als Aperitif einen großen, alten Wein, jedoch nur ein kleines Gläschen, nicht mehr. Dann wird die Vorspeise gebracht, zu der ein trockener, junger Weißwein passt. Als nächstes kommt der Fisch, zu dem ein älterer Weißwein gehört, oder ein halbtrockener, wenn es ein Fisch in Sauce ist. Rotes Fleisch verlangt natürlich nach rotem Wein, und weißes Fleisch wird mit einem halbtrockenen Rosé getrunken. Anschließend wird der Käse gereicht, und jetzt trinkt man zum Ziegenkäse einen halbtrockenen Weißwein, zum Kuhkäse einen kräftigen Rotwein, zu Roquefort oder anderem Schafskäse einen süßen weißen Wein. Vor dem Nachtisch wird Schaumwein genossen – so kann man besser verdauen, so stimmt man sich auf die Nachspeise ein – und hinterher, wenn alle zum Gespräch übergegangen sind, ist ein ganz trockener Schaumwein, ein Brut, genau das Richtige. So will es die Tradition." Und gottlob, sagt er, gebe es immer noch Menschen, die sich an solche Traditionen halten.

Und plötzlich, von einem Moment auf den anderen, zerbricht diese heile französische Welt und Christian Martin erinnert sich an jenen Spätsommer des Jahres 1944, als amerikanische Flugzeuge die Städte und Dörfer an der Loire bombardierten, auch Montlouis. „Die Leute kamen sonntags aus der Kirche und hatten keine Familie und kein Zuhause mehr", erzählt er. Als Junge habe er selbst den Absturz eines amerikanischen Bombers miterlebt. Die Piloten waren abgesprungen, von der Résistance gerettet und im Weinkeller eines Nachbarn versteckt worden. „Wenn sie von der Résistance gefunden wurden, hatten sie Glück. Manchmal waren die Dorfbewohner schneller. Dann wurden die abgestürzten Piloten gleich erschossen." Erinnerungen, die ihn bis heute nicht loslassen. Dass die Befreier, nicht die Besatzer den Tod bringen, wie sollte ein Kind das begreifen? Er spricht ernst, leise, fast flüsternd – nur um seinen Gedanken bald darauf erneut eine überraschende Wendung zu geben und sich nach dem Wein zu erkundigen, den er mir damals geschenkt hat, dem Sterbewein. „Gibt es den noch?" Ich bejahe. Da wiegt er den Kopf, lächelt dann und sagt: „Ich hoffe, es ist ein halbtrockener."

Ein gewisser Leonardo da Vinci

An diesem Tag begegne ich noch ein weiteres Mal der heilen französischen Welt, nämlich in einem Dorf auf dem Weg nach Amboise. Jetzt zur Mittagsstunde liegt es verlassen da, aber drinnen, im einzigen Restaurant, geht es zu wie in einer Karawanserei. Vorn die Bar, laute Musik, laute Unterhaltungen, dahinter ein Innenhof, in dem ich schon von Stimmengewirr und Lachen empfangen werde, dann ein geräumiges Hinterzimmer voller Männer. Arbeiter. Es geht eng zu, die Tische stehen dicht an dicht, an jedem speist, raucht, schwatzt eine Gruppe, Frauen tragen emsig auf und ab, die Weinflasche erwartet einen schon, und das Menü kommt unverzüglich und unaufgefordert: Tabouleh, Crudité, Bœuf Bourgignon, Käse, Obstsalat. Tische leeren sich, Tische füllen sich, ein Tablett mit Bœuf Bourgignon landet scheppernd auf dem Fußboden, niemand regt sich darüber auf, und zum Schluss zahlt man 10,80 Euro und hat gar nicht schlecht gegessen. Solche Restaurants sind wunderbar, wenn man auf Reisen ist und nicht von morgens bis abends ausgefallene Sachen essen mag, aber sie sind wohl vom Aussterben bedroht durch eine hoch aggressive importierte Spezies: die Pizzeria, den italienischen Beitrag zur Globalisierung. Pizzerien gewinnen, leider, auch in Frankreich immer mehr an Boden.

So, und von nun an heißt es: Un château peut en cacher un autre. Die jedem Frankreichreisenden vertraute Warnung an den Bahnübergängen, dass der erste Zug einem die Sicht auf einen zweiten in Gegenrichtung nehmen kann, gilt ab jetzt, mutatis mutandis, auch für Schlösser. Sie nehmen nicht nur an Zahl, sondern auch an Größe zu, und hätte das Schloss von Amboise noch seine ursprünglichen Ausmaße, es würde zu den größten gehören. Den ersten Bau hatte Ludwig VIII. im 13. Jahrhundert mit seinen Einkünften aus der Salzsteuer finanziert. Unter Franz I. wurde Amboise dann um 1500 zur üppigsten Schlossanlage Frankreichs ausgebaut, ein Anblick, den Leonardo da Vinci an jedem Morgen genießen konnte, wenn er die Vorhänge seines Schlafzimmers aufzog und die strahlendweißen Mauern, Türmchen und Zinnen dieses Prachtbaus im Morgenlicht vor ihm lagen. Leonardo hatte sich von Franz I. überreden lassen, nach Frankreich überzusiedeln, den behaglichen

Futtern wie bei Muttern auf Französisch. Aber sie werden auch an der Loire immer seltener, die populären Kneipen mit Mittagstisch für die arbeitende Landbevölkerung.

Herrensitz Clos Lucé in nächster Nähe des Schlosses bezogen und seine Zeit unter anderem damit verbracht, für den König rauschende Hoffeste zu arrangieren.

Über Leonardos Genialität hat man ja schon das eine oder andere gehört, ist aber dann doch sprachlos, wenn man im Clos Lucé zwischen den Modellen steht, die nach seinen Entwürfen gebaut wurden, nach Konstruktionszeichnungen, die immerhin ein halbes Jahrtausend alt sind. Da steht zum Beispiel etwas, das größte Ähnlichkeit mit einer modernen Feuerwehrleiter hat, etwas, das man hochkurbeln und ausfahren kann, aber natürlich eine Sturmleiter für Belagerer ist – beim Großteil dieser nachgebauten Erfindungen Leonardos handelt es sich um Kriegstechnik. Hohe waffentechnische Überlegenheit verspricht auch sein Sturmpanzer, der eine Holzpanzerung in Form eines Kegels besitzt, vier Räder und einen Kranz von zwölf Kanonen, sodass nach allen Seiten gefeuert werden könnte. Leonardos Kommentar dazu: „Dieser Sturmpanzer wird noch mehr Angst und Schrecken unter der feindlichen Kavallerie verbreiten als Kriegselefanten." Auch einen rudimentären Raddampfer gibt es hier zu sehen, bei dem

Bei Kindern als Klettergerüst sehr beliebt – der große Bronze-Leonardo am Loireufer von Amboise, wo der echte seinen Lebensabend verbrachte.

Leonardos Überlegungen allerdings nur bis zu den Flügelrädern gediehen waren. Für den Antrieb hatte selbst er keine Lösung gefunden. Dann das Chassis eines Automobils, bei dem die Vorderräder merkwürdigerweise in der Wagenmitte hintereinander angeordnet sind, das erste lenkbar, das zweite starr, das Ganze eine komplizierte Konstruktion aus Federn und Zahnrädern, deren Wirkungsweise, für mich wenigstens, undurchschaubar bleibt. Und eine Art Stalinorgel, ein fächerförmiges Bündel von Rohren, mit dem man eine ganze heranrückende Front unter Beschuss nehmen könnte. Was hier Gestalt angenommen hat, ist nackte Technik, sind die Visionen eines Menschen, der Technik gewissermaßen pur denken konnte, ohne die Umwege über vertraute Erscheinungsbilder, ohne den ganzen architektonischen Aufwand, in dem die Technik seiner Zeit daherkam. Die Flugapparate, in denen sich die ersten Segelflieger zu Beginn des 20. Jahrhunderts in die Lüfte erhoben, wirken viel kurioser als Leonardos Maschinen.

Mord im Schloss

Der Anblick der Loire, das stets gleichbleibende Bild majestätischer Ruhe, täuscht darüber hinweg, dass dieser Fluss Zeuge turbulentester, schauerlichster Ereignisse war, vor allem im 15. und 16. Jahrhundert. Hier, in den Schlössern der Loire, wurde damals die Politik gemacht, und die ging nicht ohne Blutvergießen ab. Eine Ursache immer neuer Exzesse war die Unfähigkeit der französischen Könige, eine Formel für das friedliche Zusammenleben der beiden Lager zu finden, in die sich die französische Gesellschaft nach der Reformation aufgespalten hatte, das hugenottische und das katholische. Und man steuert dem Schauplatz einer besonders hinterhältigen Entladung königlichen Hasses zu, wenn man sich im Schloss von Blois durch immer düsterere, immer beklemmendere Räume dem Zimmer nähert, in dem Heinrich III. den Herzog von Guise ermorden ließ.

Dieses Zimmer ist leer, bis auf ein Himmelbett und eine Truhe. Jede Abschürfung hier, jeden Kratzer, möchte man mit dem Gemetzel in Verbindung bringen, das sich am Morgen des 23. Dezembers 1588 hier zugetragen hat, als der Herzog von Guise nach einer kurzen Ratssitzung seinen Gemächern zustrebt, eine Silberschale mit Pflaumen in der Hand und wie üblich in weiße Seide und einen perlenbestickten Kapuzenmantel aus schwarzem Samt gekleidet – der König von Paris, wie ihn seine zahllosen Anhängern nennen, der Führer der katholischen Liga und ein rechtes Mannsbild dazu, hochgewachsen, bärenstark und von geradezu dämonischer Schönheit. Als er die Wachen des Königs im Gang auf sich zukommen sieht und im selben Moment Schritte hinter sich vernimmt, weiß er, was die Stunde geschlagen hat. Sie fallen mit Dolchen über ihn her. Er erreicht, schon verletzt, sein Zimmer, schlägt mit dem Mut der Verzweiflung um sich, nichts anderes zu seiner Verteidigung zur Hand als die silberne Pflaumenschale und die leere Degenscheide. Er hält sich noch aufrecht, an die Wand dieses Zimmers gelehnt, nachdem ihn Dutzende von Dolchstichen an Kopf und Brust getroffen haben und sinkt in dem Augenblick zu Boden, als der König hinzukommt. „Macht ihn fertig", brüllt Heinrich, aber da hat der Herzog von Guise schon seinen letzten

Nicht die Namen großer Weine verbinden sich mit Blois, sondern die Erinnerungen an eine der turbulentesten, blutigsten Phasen der französischen Geschichte.

Atemzug getan. Sein Leichnam wird in ungelöschtem Kalk aufgelöst, der unzerstörbare Rest in die Loire geworfen.

Ein Mord aus Eifersucht, Hass, Rachsucht. Es war kein Geheimnis, das der Herzog von Guise den Thron anvisierte. Und es war kein Wunder, dass die Hugenotten in ihm ihren größten Feind sahen, denn der Herzog träumte von einem geeinten, rein katholischen Frankreich. Doch Heinrich wäre sicherlich nicht bis zum Mord gegangen, hätte der Herzog ihn nicht mit maßloser Arroganz immer wieder öffentlich gedemütigt. Und – wäre dieser Guise nicht eine dermaßen blendende Erscheinung gewesen. In seiner Nähe, heißt es, nahmen sich die übrigen Fürsten wie Bauern aus, und niemand wird darunter mehr gelitten haben als der König selbst, der schon mit zwanzig Jahren wie ein kraftloser Greis gewirkt haben soll.

Es schauert einen in diesem Zimmer des schönen Schlosses von Blois, das von der pausenlosen Wiederholung der Mordgeschichte in allen Sprachen widerhallt. Der Bann wird erst von einer schwäbischen Reisegruppe gebrochen, deren Führer aus Heinrich III. einen „Heiner der Dritte" macht. Der Heiner wurde dann übrigens seinerseits ermordet, und zwar von einem Dominikanermönch, zehn Jahre später. Damit erlosch, wie es in der Geschichtsschreibung so schön heißt, das Haus Valois, also jenes Königsgeschlecht, dem das Loiretal die eindrucksvollsten Schlösser verdankt.

Ragout vom jungen Wildschwein
REZEPT NACH DER ZUBEREITUNGSART
IN DER SOLOGNE

ZUTATEN FÜR 4 PERSONEN
1 kg Wildschweinkeule ohne Knochen, 40 ml Öl,
1 Esslöffel Mehl, 1 l dunkler Wildfond, Salz,
frisch gemahlener weißer Pfeffer, 1 Messerspitze
Ingwerpulver, 5 zerstoßene Pimentkörner,
Als Beilage wahlweise Kartoffeln oder Nudeln
ZUTATEN FÜR DIE BEIZE:
100 g Möhren, 150 g Zwiebeln, 60 g Knollensellerie,
1 Teelöffel weiße Pfefferkörner, 4 zerdrückte
Wacholderbeeren, 2 cl Wacholderschnaps, 1 l Rotwein

ZUBEREITUNG IN 90 MINUTEN (EINEN TAG ZIEHEN LASSEN)
Das Fleisch in gleichmäßige Würfel von 3 cm Kantenlänge
schneiden. Das Gemüse putzen und würfeln. Fleisch und Gemüse zusammen mit den restlichen Zutaten der Beize in eine
entsprechend große Schale geben, zudecken und 24 Stunden
ziehen lassen. Anschließend in ein Sieb schütten und dabei die
Flüssigkeit auffangen. Das Fleisch herausnehmen und mit Küchenpapier trocken tupfen. Für das Ragout das Öl in einem großen
Topf erhitzen und das Fleisch darin von allen Seiten anbraten.
Das Gemüse aus der Beize zugeben. Bei starker Hitze unter ständigem Wenden gleichmäßig hellbraun anbraten. Mit Mehl be-
stauben, unter ständiger Bewegung einige Minuten mitschwitzen
und leicht Farbe nehmen lassen. 1 l der Beizflüssigkeit aufgießen,
den Bratsatz am Topfboden loskochen, den Fond zugießen und
bei mittlerer Hitze 40 bis 50 Minuten köcheln lassen. Dann erneut in ein Sieb schütten, die Sauce auffangen und das Fleisch
herausnehmen. Die passierte Sauce erhitzen, das Fleisch zugeben
und mit Salz, Pfeffer, Ingwer und Piment pikant abschmecken.
Als Beilage passen gekochte Kartoffeln oder Nudeln dazu.

Welcher Ludwig war's?

Über die Loire und in die Wälder ... Die Wälder, die einst von den Fanfaren der Jagdhörner widerhallten und dem heiseren Gebell der Hundemeuten. Wo selbst ein Schwächling wie Karl IX. zehn Stunden lang im Sattel saß, fünf Pferde an einem Tag zu Schanden ritt und das Jagdhorn blies, bis er Blut spuckte. Wo bis auf den heutigen Tag französische Staatenlenker, amtierende und gewesene wie Giscard d'Estaing, der königlichen Leidenschaft der Jagd frönen. Diese endlosen, tiefen Wälder ...

Und dann das Schloss. Chambord. Wie aus einem Roman, durch den die Nebel der Vorzeit wehen. In dem Zauberer die Macht haben, Fieberfantasien Wirklichkeit werden zu lassen. Das Wetter hat sich verschlechtert, das Gewimmel der Kamine und Türmchen und Laternen zeichnet sich düster gegen den bleiernen Himmel ab, und die Besucherschlange vor dem Eingang harrt brav im Nieselregen aus. „Des is ja scho mächtig", stellt weiter vorn jemand fest. Ähnliches wird auch der deutsche Kaiser Karl V. gedacht haben, als er 1539 seinem Erzrivalen Franz I. einen Besuch in Chambord abstattete. Am französischen Hof hatte man vorher überlegt, ob man den Kaiser bei dieser Gelegenheit nicht kurzerhand festnehmen oder ihm wenigstens einen saftigen Wegezoll abknüpfen sollte, aber dann hatten sich doch die Verfechter einer galanteren Strategie durchgesetzt, und man begnügte sich damit, dem Kaiser zu imponieren.

Endlich im Inneren dieses monströsen Schlosses angelangt, mache ich eine Entdeckung. Das Schloss selbst ist ein Verzeichnis seiner Besucher, womöglich sogar seiner Bewohner. Hunderte, Tausende von Namen überziehen den weichen Tuffstein seiner Wände. J.S. 26.10.1939. Frémont 1844. Was, wenn auch Molière der Versuchung nicht widerstanden hätte? Oder Franz I.? Oder Ludwig XIV.? Kann man sich das nicht vorstellen, den Sonnen-

Wie eine Fatamorgana taucht es aus dem Morgendunst auf – Chambord, das größte und bizarrste aller Loireschlösser.

könig mit seiner Perücke, in seinem barocken Ornat, wie er dort oben auf der Galerie steht und verstohlen um sich blickt und dann rasch einen Nagel oder ein Messerchen aus einer Gewandfalte zieht und zu ritzen beginnt und sich, als er fertig ist, erneut umschaut und weggeht? Ich kann mir das vorstellen. Die Suche beginnt.

Auf den zugänglichen Mauerteilen überdecken sich alte und zeitgenössische Graffiti zu einem oft unentzifferbaren Geflecht oberflächlicher und tief eingekerbter Linien, Palimpseste, die intensiver philologischer Kleinarbeit bedürften und deshalb unausgewertet bleiben müssen. Aber hier, hinter diesem flämischen Wandteppich, bietet die Mauer ein übersichtlicheres Bild. Aha. Chabault Tassin 1842. Marest 1835. Die verhängten Mauerabschnitte scheinen wahre Fundgruben alter Graffiti zu sein, ach was, Graffiti, kalligrafische Kunstwerke sind das. Ich arbeite mich weiter vor. Liger 1800. Wenn man hinter diesem Teppich nur besser sehen könnte. Guy 1761. Wir kommen der Sache näher. Es fehlen keine hundert Jahre mehr. Hier gibt es sogar Verse, mit großer Sorgfalt in alter, schwungvoller Schreibschrift eingeritzt. Ich bräuchte nur mehr Licht. Authenac 1737. Charles Minuit 1629. Unglaublich! Das ist die Zeit Ludwigs XIII. Mich hat das Jagdfieber gepackt.

Gleich wird da zu lesen sein: Molière oder François oder Louis. Und was werde ich sagen, wenn eine dieser dunkelblau gekleideten Damen meine Beine unter dem Wandteppich entdeckt? Dass ich mich verlaufen habe? Dass ich ein Graffito von Ludwig XIV. suche? Sie würde in jedem Fall Verstärkung anfordern.

Ich breche die Suche hinter dem Wandteppich ab, gehe hinaus auf die Galerie und studiere hier die Mauer bei Tageslicht. Mir juckt es in den Fingern, die erstbeste freie Stelle selbst mit François I. zu tätowieren. Da stockt mir der Atem. Ich lese: Lovis W le Roi de France. Soll das ein Witz sein? Ist das echt? Eine alte Schrift, zweifellos, noble römische Buchstaben, fast wie gemeißelt. Aber was bedeutet das W? Das VII von Ludwig dem VII. vielleicht? Wann hat der gelebt? Vierhundert Jahre zu früh. Wie dem auch sei. Ich finde, ich bin am Ziel. Ich mache ein Foto – ein solcher Treffer muss dokumentiert werden – und stelle jedem anheim, der Sache selbst auf den Grund zu gehen. Und damit Sie nicht lange zu suchen brauchen: Die Inschrift befindet sich im zweiten Stock des Hauptgebäudes an der Außenwand des Cabinet en trompe l'œil.

Die Sologne – ein Herbstmärchen

Das Wetter ist immer noch schlecht. Gottlob liegt eine Landschaft vor mir, die auch bei diesem Regen schön ist, die bei jedem Wetter ihren einzigartigen Reiz hat, und das ist die Sologne, das große Waldgebiet südlich von Orléans. Alles Laubwald, wie für den Herbst geschaffen, wenn sich die Sologne in unendlich fein abgestimmten Gelb- und Grüntönen präsentiert. Üppig, wildwuchernd sind diese Wälder, nichts für Sonntagsspaziergänger, mit urwaldartigem Unterholz, gegen das nur ein Buschmesser helfen würde. Und am Straßenrand überall Farnbüsche, die wie lodernde Flammen zwischen den Stämmen hervorzüngeln. Dann und wann tauchen große Gatter auf, mit breiten Lehmwegen dahinter, die tief in diesen Zauberwald hineinführen. Wenn man Glück hat, schimmert ganz am Ende einer Schneise aus lichten grünen Wänden ein rosarotes Stückchen Schlossmauer mit hohen, weißgerahmten Fenstern, und man ahnt eine verschwiegene Welt des Luxus. Wo der Wald einmal aufhört, liegen Fischteiche, auf denen sich Entenvölker tummeln, oder kleine, flache Gehöfte aus dunkelroten Ziegeln oder Fachwerk oder ganze Dörfer mit Stockrosen in jedem Vorgarten. Man könnte hier vergessen, in welchem Jahrhundert man lebt.

Wenn mich nicht alles täuscht, geht man in diesem Land mit Vorliebe einer bestimmten Tätigkeit nach. Unauffällige Ladenschilder lassen darauf schließen, dass der Beruf des Tierpräparators in der Sologne großes Ansehen genießt. Am Ortsrand eines Städtchens entdecke ich sogar ein Geschäft, das Hochsitze für Jäger verkauft und die verschiedensten Modelle der Größe nach am Straßenrand ausstellt. Und immer wieder verweisen Schilder auf eine Fasanenzucht oder einen Zuchtbetrieb für Wild, irgendwo in diesen Wäldern versteckt. Der tunesische Wirt meines Hotels in La Ferté St. Cyr verzieht sein rundes, freundliches Gesicht zu einem breiten Grinsen, als ich nach dem Abendessen darauf zu sprechen komme. „Ja", sagt er, „hier werden praktisch Haustiere zur Strecke gebracht. Die können kaum laufen, aber das stört die Herrschaften nicht. Jedes Jahr im Oktober rollen sie in ihren teuren Geländewagen an, ganze Karawanen von Jägern. Alles Bürohengste aus Paris und Blois und Orléans, die einmal im Jahr Com-

Stiller, weltabgeschiedener und friedlicher geht es kaum – die Sologne, das traditionelle Jagdgebiet der französischen Könige mit seinen tiefen, endlosen Wäldern.

puter und Mobiltelefon gegen die Flinte tauschen." Und dann spielt er sie mir zwischen den Tischen seines Restaurants auf zwei Quadratmetern vor, die menschliche Komödie der Sologne, mit diesem breiten, belustigten Grinsen – ein kleiner tunesischer Balzac. Macht vor, wie die Herrschaften aus ihren Geländewagen steigen und ihre Hightech-Gewehre aus dem Kofferraum holen und ganz verdattert sind, wenn die gezüchteten Fasane statt wegzufliegen auf sie zuflattern.

Der Genuss ist ein unberechenbarer Geselle. Eigentlich müsste ich mit meinem tunesischen Wirt unzufrieden sein. Sein Hotel ist eine ziemliche Kaschemme, seine Preise sind phönizisch und seine Entenbrust ist erbärmlich. Aber ich genieße diesen Abend. Ich amüsiere mich mit ihm. Wir sitzen zusammen an seiner kleinen Bar, und er erzählt. Seit zwanzig Jahren lebt er jetzt hier, im Herzen der Sologne, und sein Lieblingsausdruck ist „à l'epoque". Damals. Seinerzeit. Früher, als die Leute aus dem Dorf noch allabendlich in seine Bar kamen, am Tresen standen und über Gott und die Welt redeten, als Politik noch ein heißes Thema war und jeder brav seine vier, fünf Gläschen trank und hungrig wurde und sich alle in den Speiseraum umzogen, um den Abend sehr viel später mit einem Kaffee und einem Cognac zu beschließen. „Es gab nichts Schöneres als zusammenzustehen und zu diskutieren – à l'époque." Heute wartet er tagelang auf jemanden wie mich. Meist macht er es sich mit seiner Pfeife auf seinem Kunstledersofa vor dem Fernseher bequem, freut sich seiner jungen, hübschen Frau und seiner Kinder und ärgert sich still für sich über die Politik. Aber nach Tunesien zurückkehren? „Höchstens in den Ferien", sagt er grinsend und gießt mir noch ein Gläschen ein.

Ich überlege mir, eine Fasanenzucht zu besuchen und frage mich im selben Augenblick, ob ich willkommen wäre. Wird ausgerechnet ein Fasanenzüchter willens sein, über den Jagdzirkus in der Sologne Auskunft zu geben? Deutsche Bedenken! Stéphanie Maurin, Ende dreißig, ist nichts weniger als glücklich, mir ihren Betrieb zeigen zu dürfen. Wie üblich liegt er mitten im Wald, und wie überall besteht er aus mehreren mannshohen Maschendrahtgehegen, nach allen Seiten geschlossen, damit die Tiere nicht davonfliegen, natürlich, und auch, damit sich keine Raubvögel bedienen. Am Rand der Gehege stehen die Reproduktionskäfige. „Wir machen hier alles selbst", sagt sie. „Vom Ei bis zum fertigen Fasan. Oder Rebhuhn. Wir haben auch Stockenten. Fünfhundert Stockenten, achthundert Fasane, zweitausend Rebhühner. Die Fasane bekämpfen einander, deswegen die Klammern auf ihren Schnäbeln."

Sie öffnet die Tür zu einem der Gehege. Panik bricht aus, die Vögel flattern auf, prallen oben gegen das Maschendrahtnetz, fallen herunter. „Ein Fasan kostet elf Euro", sagt sie. „Wenn einer fünfhundert kauft, bekommt er Mengenrabatt. Die Kunden bevorzugen natürlich Hähne. Goldfasanhähne vor allem, weil sie auf der Tafel ein hübscheres Bild abgeben als die Weibchen. Aber man kann nicht nur Hähne haben. Heute Morgen war einer hier, der hat zwanzig Stück bestellt, für Sonntag, den Eröffnungstag der Jagd. Pro Saison werden Zehntausende von Vögeln gebraucht. Allein in dieser Gegend gibt es im Umkreis von dreißig Kilometern siebzehn Züchter, Fasanenzüchter und Wildzüchter." Als ich frage, wieso, warum so viele, bricht sie in schallendes Gelächter aus. „Die Sologne ist leer, Monsieur! Wir sind hier nicht in Afrika! Alles leergeschossen. Aber in der Sologne gibt es nichts anderes. Nur die Jagd. Alle leben hier von der Jagd – die Wildzüchter, die

Damit die Jäger weiterhin etwas zu schießen haben, wird in der Sologne alles ge-
züchtet – das Wild, die Rebhühner, die Enten und die Fasanen. Das hübscheste
Bild auf einer gedeckten Tafel geben natürlich Goldfasanen ab.

Hundezüchter, die Hotels, die Restaurants, alle." Ja früher, à
l'époque ... Da hatte jedes Anwesen in der Sologne zwei, drei
Wildhüter. Da hat sie selbst als Mädchen noch echtes Wild ge-
schossen. Aber heute gibt es keine Wildhüter mehr. Und heute
muss sie die Fasanen, die sie erlegen möchte, schon selber züchten.
An ihrer Jagdleidenschaft hat sich indessen nichts geändert, wie
sie mir erzählt. „In Wildschweine sind wir regelrecht verliebt",
sagt sie lachend, „für uns ist das ein Sport. Wenn so ein Wild-
schwein durchs Unterholz bricht und die Hunde bellen, ich sage
Ihnen, da schlägt einem das Herz schon höher."

Zum Schluss die Jägerstube. Ihr Stolz gebietet, mir wenigstens
noch schnell die ausgestopften Wildschweinköpfe an den Wänden
zu zeigen. Und beim Abschied habe ich das Gefühl, auch Stéphanie
Maurin könnte zu den zufriedenen Menschen gehören. Vielleicht
sogar zu den glücklichen.

Fasan mit geschmortem Gemüse
TRADITIONELLES GERICHT ZUR JAGDSAISON

WEINEMPFEHLUNG
ein Saumur Champigny

ZUTATEN FÜR 4 PERSONEN
*1 Fasan (200 g), 320 g Kartoffeln, 160 g Möhren, 200 g Zwiebeln,
160 g Petersilienwurzel, 2 Knoblauchzehen, Salz und schwarzer
Pfeffer, 800 ml Bratensaft, 8 Lorbeerblätter, 20 Wacholderbeeren,
4 Nelken, 60g Butter, Rosmarin*

ZUBEREITUNG IN 70 MINUTEN
Den fertig geputzten Fasan mit Speckscheiben umwickelt kaufen.
Den Backofen auf 220 Grad vorheizen. Das Gemüse vorbereiten:
die Kartoffeln schälen und je nach Größe halbieren oder vierteln, die Möhren schälen und halbieren, die Zwiebeln mitsamt
der Schale vierteln, die Petersilienwurzel ebenfalls schälen und
vierteln. Die Knoblauchzehen geschält bereitstellen. Das gesamte
Gemüse und den Fasan auf ein Backblech legen, mit Salz und
Pfeffer würzen und im Backofen garen.
/Den Bratensaft aufkochen und mit sämtlichen Gewürzen abgeschmeckt ziehen lassen. 20 Minuten nach Beginn der Garzeit
den Bratensaft zum Gemüse geben und weiterschmoren lassen.
Eventuell von Zeit zu Zeit Wasser dazugeben, damit der Bratensaft flüssig bleibt. Nach etwa 40 Minuten Garzeit den Fasan
herausnehmen und tranchieren. Den Bratensaft nochmals in
einem Topf aufkochen lassen und mit Salz, Pfeffer und Butter
abschmecken. Das Gemüse und den Fasan auf einem vorgewärmten Tellern anrichten und servieren.

Ein Städtchen, grau wie die Nebel der Vorzeit

Mit dem Wein der Loire ist es ab Blois vorläufig vorbei. Besuche bieten sich weiterhin an, einstweilen allerdings eher bei berühmten Verstorbenen, denn im weiten Umkreis von Orléans ist der Boden mit Geschichte getränkt. Hier bewegt sich der Reisende im Bannkreis von Jeanne d'Arc, und auch Eleonore von Aquitanien hat noch einmal einen Auftritt. In Beaugency nämlich.

Ich habe eine Schwäche für dieses kleine Städtchen Beaugency. Kein Ort am Fluss versetzt einen tiefer ins Mittelalter zurück. Man muss an einem frühen Samstagmorgen durch seine engen, auf- und absteigenden Gassen wandern, wenn in den Seitenstraßen rings um die Markthalle herum die Tische für den Wochenmarkt aufgebaut werden – zu dieser Stunde wirkt der graue Klotz des kolossalen Donjons im Ortskern noch gewaltiger, und die massige Abteikirche Notre-Dame daneben steigt noch majestätischer aus den Schatten empor.

In diesem romanischen Gotteshaus trat 1152 das Konzil zusammen, das über die Auflösung von Eleonores Ehe mit Ludwig VII. zu entscheiden hatte und der Königin von Frankreich tatsächlich die ersehnte Freiheit wiedergab. Ein Triumph für Eleonore, aber ein Desaster für Frankreich. Denn mit der Unterschrift unter der Scheidungsurkunde säten die Bischöfe und Fürsten des Konzils den Samen für den Hundertjährigen Krieg. Eleonore nutzte, wie berichtet, ihre Freiheit unverzüglich dazu, den elf Jahre jüngeren Grafen von Anjou zu heiraten, den unbezähmbaren Kraftmenschen Heinrich Plantagenet, und als der zwei Jahre später König von England wurde, fiel der ganze Südwesten Frankreichs als Eleonores Mitgift England zu. Damit begann das jahrhundertelange Ringen beider Länder um die Vorherrschaft in Frankreich, aus dem die Franzosen nur deshalb siegreich hervorgingen, weil sich ein Bauernmädchen aus Lothringen in den Kopf gesetzt hatte, die Engländer höchstpersönlich aus Frankreich zu vertreiben.

Eine Nationalheilige wird ganz groß gefeiert

In einem Punkt versteht man in Orléans keinen Spaß. Über die Jungfrau, diese bestimmte Jungfrau, ist tunlichst jeder Scherz zu unterlassen. Die war hier in Orléans nämlich schon lange vor ihrer offiziellen Heiligsprechung heilig, und als vor einigen Jahren Demonstranten gegen ein Staudammprojekt am Oberlauf der Loire das hiesige Reiterstandbild der Jeanne d'Arc besetzen wollten, wurden sie von den Stadtvätern händeringend gebeten, davon abzusehen und in Gottes Namen lieber die Kathedrale zu besetzen. Davon seien weniger Scherereien zu erwarten als von einer Verunglimpfung der Jungfrau!

Nun, so liegen die Dinge in Orléans. Und ich finde das im Prinzip gut und richtig. Man muss diese Jeanne ja nicht unbedingt für eine Heilige halten – sie selbst hätte das weit von sich gewiesen und, je nach Tagesform, darüber gelacht oder mit einem Wutanfall reagiert. Und man muss andererseits auch nicht unbedingt die erotisch vibrierende Amazone in ihr sehen, die auf dem Rubensgemälde im Jeanne-d'Arc-Haus von Orléans abgebildet ist. Sicher, sie war temperamentvoll, draufgängerisch, nicht einzuschüchtern – aber ihre erotische Ausstrahlung wurde von ihren männlichen Begleitern als eher subtil beschrieben. Wobei ich sagen muss: Verglichen mit den üblichen Darstellungen als süßlichem Unschuldsengel oder keimfreie Kriegsheldin gefällt mir Rubens' Jeanne d'Arc immer noch am besten – wie sie da auf dem roten Teppich vor einem roten Vorhang kniet, mit halb geöffnetem Mund und bebenden roten Lippen und langem, flammendrotem Haar, das über die schwarz schimmernde Rüstung fließt, diese hauteng, beinahe die Körperformen nachzeichnende Rüstung, unter der der deftige Rubenskörper zu ahnen ist, und wie sie die Hände im Gebet leicht zusammenlegt, sodass sich bloß die Fingerspitzen berühren, eine geistesabwesende Geste der Frömmigkeit, die gut zu dem in die Ferne gerichteten Blick passt – eine Frau von irritierender Jugend und Sinnlichkeit, die nur auf ein Zeichen wartet ... Also, diese Darstellung hat zumindest den Vorzug, ihre innere Kraft als knisternde Energie sichtbar zu machen.

Ich hatte nicht erwartet, einer solchen Jeanne zu begegnen, als ich vor einigen Jahren den Jeanne-d'Arc-Feierlichkeiten Anfang

Mai in Orléans beiwohnte. Aber was ich tatsächlich erlebte, lag jenseits meiner Vorstellungskraft.

Am Morgen des Vortags herrschte emsiges Treiben in der Innenstadt. Blumenkübel wurden geschleppt, schwarz verhängte Lautsprecher aufgestellt, blaue Teppiche vor der Bühne und den seitlichen Zuschauerrängen unterhalb der Kathedrale zurechtgeschnitten und ausgerollt, Kabel gezogen, Fernsehkameras aufgebaut und Scheinwerfertürme errichtet, da donnerte es plötzlich über unseren Köpfen, und die flaggenbehängte Prachtstraße zwischen dem Jeanne-d'Arc-Standbild und der Kathedrale verwandelte sich in die Anflugschneise einer Militärtransportmaschine, die im Tiefflug auf die Kathedrale zuhielt und zwischen ihren Türmen verschwand. Noch brachte ich das nicht mit Jeanne d'Arc in Verbindung. Am Abend dann der offizielle Auftakt, nämlich der protokollarisch ausgefeilte Auftritt zahlreicher Bürgermeister mit ihren Tricoloreschärpen sowie eines ganzen Schwadrons hoher Militärs zu Marschmusik, auf die ein langer Trommelwirbel folgte, dann die Marseillaise, dann die Europahymne, und als die Ergriffenheit nicht mehr zu steigern war, kam die Reihe an die aufmarschierten Musikkapellen der Partnerstädte von Orléans, und die Österreicher spielten einen Alpenmarsch, die Holländer einen Säbeltanz und die Belgier eine Art Hollywood-Western-Kavalkade. Und damit hatte es sich für diesen Tag. Zeugen waren ein paar Hundert pflichtschuldig herbeigeeilter Bürger.

Zum Festgottesdienst in der Kathedrale versammelten sich am nächsten Morgen die Stützen der Gesellschaft, die Säulen des Staates, die Würdenträger, die Militärs, die Bischöfe und Priester, auch Volk, und über aller Köpfe verfing sich das graue Tageslicht in den kerzengerade aufsteigenden Weihrauchsäulen. Dann setzte die Orgel ein, Choräle erschallten, und ein Kardinal predigte über die wohlverstandene Liebe zum Vaterland, über den christlichen Patriotismus einer Jeanne d'Arc und den blinden Nationalismus auf dem Balkan, über Christus, der seine Heimat ebenfalls liebte, und Jeanne, die kleine Schwester Christi, die wie er verraten und schuldlos hingerichtet ward – und deren Seele an diesem Morgen als Vogel nach Orléans zurückgekehrt sein mochte, denn ein Vogel hatte sich in die Kathedrale verirrt, flatterte hoch oben hin und her und zwitscherte so laut, dass ihn nicht einmal die Orgel übertönen konnte.

Der größte Augenblick im Leben eines Mädchens aus Orléans: die berühmte Jungfrau auf dem alljährlichen Jeanne-d'Arc-Fest verkörpern zu dürfen.

Erst als der Kardinal zur Predigt ansetzte, verstummte er, nur um beim anschließenden Choral wieder aus Leibeskräften loszuflöten.

Mit dem letzten Orgelton ergoss sich alles auf den Vorplatz und mischte sich vorübergehend zu einem farbenprächtigen Getümmel aus khakibraunen Uniformen, blau-weiß-roten Schärpen, wehenden violetten Kardinalsgewändern und amtsgrauen Anzügen, die holländische Kapelle setzte wieder zu ihrem Säbeltanz an, und als alle sich auf die Tribünen verteilt hatten und sämtliche Reden gehalten waren, da rollten sie heran, die Panzer, da donnerten sie über uns hinweg, die Militärmaschinen, da defilierten sie vorbei, die Einheiten aller Waffengattungen, Maschinenpistole quer über der Brust, weiß behandschuhte Rechte am Képi, ununterbrochen musikalisch begleitet von einer Militärkapelle, ein schier endloser Vorbeimarsch. Und schließlich die Prozession der Würdenträger durch die Stadt, der sich nun Pfadfinder und Turnvereine, Blumen- und Weinköniginnen, Eishockeymannschaften und Musikkapellen anschlossen, alle in der Kettenspur der Panzer, die vor kurzem hier vorbeigerasselt waren, und endlich, mittendrin und zwischendurch, für einen Augenblick, die glücklich lächelnde Jeanne d'Arc dieses Jahres, hoch zu Ross, winkend und – vorbei. Nein, es war keine Rothaarige. Es war eine Brünette, historisch ganz korrekt mit Pagenschnitt.

Am Ende dieses Tages wehte ein beißender Nordwind durch die breiten Straßen der Innenstadt. Banner und Fahnen wölbten sich unter einem stahlgrauen Himmel. Und auch die Strahlen des Sonnenkönigs in der Rose am Giebel der Kathedrale wärmten nicht.

Aus den alten Zeiten der Loireschifffahrt

Wie die Elbe Deutschland in Ost und West scheidet, so teilt die Loire Frankreich in Süd und Nord. Der Norden, das ist Paris. Und der Süden, das ist ein Lebensgefühl, eine Lebensart, die auch dann noch als mediterran bezeichnet wird, wenn die Rede von den Menschen im Anjou ist. Das mag daher kommen, dass die Loire selbst Südfranzösin ist – nach Herkunft und Charakter. Sie entspringt auf der Höhe von Bordeaux oder Montelimard, und wenn man ihr Quellgebiet im Zentralmassiv auf dem schnellsten Weg verlässt und nach Aubenas hinunterkommt, befindet man sich auch im Oktober noch im schönsten Hochsommer.

In Orléans hat die Loire ihren nördlichsten Punkt erreicht. Von hier aus wurden im Zeitalter der Loireschifffahrt die Waren aus Nantes über Kanäle ins hundert Kilometer entfernte Paris geschafft, und übrigens auch ein Gutteil des Loireweins. Ab Orléans geht die Fahrt flussaufwärts nun stetig nach Süden, Richtung Burgund, Richtung Auvergne. Das, was man als das Tal der Loire bezeichnet, liegt hinter uns, aber fast zwei Drittel ihres rund tausend Kilometer langen Laufs liegen immer noch vor uns, der unbekanntere, ländlichere, gleichwohl nicht minder schöne Teil, der denjenigen, der bis zur Quelle durchhält, unter anderem mit der fantastischen Berglandschaft der Auvergne belohnt.

Wie immer sollte man sich auch jetzt in nächster Nähe des Flusses halten, denn dem Neugierigen erzählen die Ufer mehr Geschichten als jeder Reiseführer. Das ist nicht immer ganz leicht, mitunter gibt es keine Uferstraße, keine befahrbare Deichkrone, mitunter gibt es nur Stichstraßen hinunter zum Fluss, aber auch solche Abstecher lohnen sich oft, wegen des Blicks vielleicht oder wegen eines Strandrestaurants unter Bäumen, wo es an den Wochenenden bei echtem Loirefisch an langen Tischen hoch hergeht.

Hinter Orléans beispielsweise ragt gleich neben dem Deich ein kegelförmiges Türmchen aus Ziegelsteinen auf, das sich als Brennofen einer längst verschwundenen Ziegelei herausstellt, weil sich wie üblich umgehend jemand einstellt, der sich auskennt. Damals, erklärt der junge Mann, um 1870, habe es hier eine kleine Eisenbahn gegeben, ein paar Loren auf Schienen, mit denen man die gebrannten Ziegel direkt bis an den Fluss fuhr, wo sie auf Kähne verladen wurden. „Aber die Geschäfte sind nie gut gelaufen", weiß er zu berichten, „weil der Ton, den man hier fand, minderwertig war. Die Ziegel stellten sich als brüchig heraus. Daraufhin hat man auf Ton aus der Sologne umgestellt, aber jetzt waren die Transportkosten zu hoch, sodass das Unternehmen nie ein Erfolg wurde." Das kleine Tor dort an der Seite, das sei die Einfahrt für die Loren mit dem Brennholz gewesen. „Und dieses schwarze Kreuz aus Eisen hier", frage ich, „was hat das zu bedeuten?" Er wiegt den Kopf. „Es gibt da ein Gerücht", sagt er. „Man munkelt, dass einst ein Kind in den glühenden Brennofen gefallen sei."

Eine kurze Strecke weiter entdecke ich das nächste Kreuz, gleich neben der Uferstraße, ein altes, dünnes Eisenkreuz mit einer stumpf gewordenen Messingplakette in Herzform, wie man es von französischen Friedhöfen her kennt. Das erstaunt umso mehr, als ein Loireschiffer normalerweise keine Spuren hinterließ. Er führte ein hartes Leben und hauchte seine Seele nicht selten in der Krankenstube irgendeines Priesters irgendeiner kleinen Stadt am Loireufer aus, weit von seinem Heimatort entfernt. Die Inschrift auf der Messingplakette lässt sich mit Mühe halbwegs entziffern: „Dieses Kreuz wurde 1812 aufgestellt von Louis Groslier, genannt Tibi, Schiffer aus ..." Der Rest ist unleserlich. Offenbar kein Grabkreuz. Was dann?

Auch diese Geschichte klärt sich tatsächlich noch auf, und zwar im Schifffahrtsmuseum von Châteauneuf. Es war der Winter des Jahres 1812 gewesen, und die Loire hatte Eis geführt. Das kam damals häufig vor, in manchen Jahren fror die Loire sogar für ein bis zwei Monate vollständig zu. Jedenfalls unterlag Tibis Gabarre auf der Höhe von St. Benoît im Kampf gegen das Eis und war gesunken und die ganze Mannschaft im eisigen Wasser ertrunken – bis auf Tibi, den Mann aus St. Thibault, der zum Dank für seine Rettung dieses Kreuz aufstellte. „La Croix Tibi", wie es seither genannt wird, ist eine der wenigen Erinnerung an die zahlreichen Tragödien, die sich auf diesem Fluss einmal abgespielt haben.

Keine Tragödie, aber ein beständiges Ärgernis für jeden Schiffer, stellten die Schiffsmühlen dar. Anfang des 19. Jahrhunderts sind die letzten von der Loire verschwunden, bis dahin aber hatten zwei, drei oder auch mehr dieser schwimmenden Mühlen vor jeder größeren Loirestadt gelegen. Die Schiffsmüller besaßen nun allerorten die Frechheit, ihre Mühlen an der tiefsten Stelle im Fluss zu verankern, nämlich in der Fahrrinne der Schiffer, mit dem Ergebnis, dass es unentwegt zu Kollisionen kam. Das wiederum hatte eine Flut von Gerichtsverfahren zur Folge, die bisweilen sogar vor den König kamen, die Schiffsmüller aber in keiner Weise beeindruckten, sodass die Könige ihre Verfügung, Schiffsmühlen möglichst nah am Ufer zu verankern, beliebig oft wiederholen konnten, ohne dass sich etwas änderte. Aus Sicht der Schiffsmüller war jeder Schiffer ihr natürlicher Feind, und sie gaben den Krieg erst verloren, als der technische Fortschritt sie überflüssig machte.

„Loireschiffer verfügten über sehr viel Zeit", hatte Monsieur Robin alias Seitenwind gesagt. Das findet man im Schifffahrtsmuseum von Châteauneuf bestätigt. Flussaufwärts brauchte eine Gabarre von Nantes bis Orléans leicht zwei bis drei Monate. Meist wartete ihre Besatzung am Ufer auf Wind, tagelang, manchmal wochenlang. Und hatten sie eine Treidelmannschaft angeheuert, ging es auch nicht viel schneller voran – wenn sich überhaupt genügend Männer dafür fanden. Um eine vollbeladene Gabarre von der Stelle zu bringen, bedurfte es nämlich nicht weniger als vierzig Treidelknechte, und die musste man erst einmal auftreiben – Treideln war ja kein Beruf, das wurde von Winzern oder Bauern gemacht, die in der Zeit, in der es auf den Feldern nichts zu tun gab, etwas hinzuverdienen wollten, oder von Wanderarbeitern, also Arbeitslosen. Bei solchen Wartezeiten ist es kein Wunder, dass die Ladung gelegentlich leicht dezimiert an ihrem Bestimmungsort ankam, vor allem, wenn sie aus Weinfässern bestand. Wie ich den Monsieur Seitenwind kenne, hätte er gut zu diesen Helden der Loire gepasst.

Der Mittelpunkt der Welt

Hoch wölbt sich der zartblaue Himmel über St. Benoît, flach dehnt sich das Land umher aus – Gärten, Obstbäume und Felder, so weit das Auge reicht. Von außen fällt die Kirche dieser alten Benediktinerabtei allenfalls durch ihre Größe auf, aber von innen überwältigt sie regelrecht – durch ihre Ausmaße, ihre Höhe, ihre klare Gliederung, vor allem aber durch das Licht. Den mittelalterlichen Baumeistern ist gelungen, was die Stadtväter von Schilda vergeblich versuchten, nämlich das Tageslicht einzufangen. Das Licht des Loiretals. Dieses Licht ist hier Stein geworden, leuchtender Stein, es hat die Form hoch aufragender Rundsäulen und weiter Bögen und freier, ruhiger Wandflächen angenommen. Der Stein seinerseits verleiht diesem Licht einen irisierenden Schimmer, der Abstufungen zwischen rötlich, gelblich und grünlich kennt. Die Wirkung dieser heiligen Architektur erfährt ihre höchste Steigerung zur Zeit des mittäglichen Stundengebets, wenn jede Note, jedes Wort, jede Silbe das ganze Kirchenschiff erfüllt, wenn Gemäuer und Gesang zu einer einzigen großen Komposition verschmelzen und das auf sparsame Gesten beschränkte Schauspiel der Mönche vorn im Chor den Eindruck erweckt, sich außerhalb der Zeit abzuspielen. Ich kenne keine andere romanische Kirche, die dann ein solches Gefühl der Ewigkeit vermittelt und so überzeugend bekundet, wie eng die Demut mit dem Schönheitssinn verwandt ist.

Nach dem Mittagessen treffe ich mich mit Bruder Jean Marcel, einem älteren, überaus freundlichen Mann im schwarzen Habit der Benediktiner. Wir spazieren zum Hafen von St. Benoît – das tut nach einem benediktinischen Mittagessen à la française gut – und kommen zu einem mittelalterlichen Dörfchen aus geduckten, grauen Häusern, angelegt um eine Mulde im Flussufer, den ehemaligen Hafen. Vom 11. bis 13. Jahrhundert wurden hier die Steine für den Bau von St. Benoît angeliefert, erzählt Bruder Jean Marcel. „In unserer Gegend finden Sie keinen Stein, nur Sand. Jeder Stein, den wir hier verbaut haben, wurde bei La Charité gebrochen, das ist mehr als hundert Kilometer flussaufwärts. Unsere Kirche ist also ganz aus dem sogenannten Kalkstein von Nevers

Die Basilika der alten Benediktinerabtei St. Benoît überwältigt durch die vollendete Schönheit ihrer romanischen Architektur. Dieses Kloster zählt zu den bedeutendsten spirituellen Zentren Frankreichs.

erbaut. Hier im Hafen wurden die Steine auf kleinere Kähne umgeladen und über einen Kanal zur Baustelle gebracht."

Man ahnt, wie viel Planung nötig war, welche organisatorische Leistung die Mönche und Baumeister des Mittelalters vollbringen mussten, um eine solches Werk wie diese Kirche zu erschaffen. Aber, warum dann ausgerechnet an dieser Stelle ein derart ehrgeiziges Bauprojekt? „Dass wir uns diesen Ort ausgesucht hätten, kann man eigentlich gar nicht sagen", entgegnet Bruder Jean

Marcel, „denn schon lange vor unserer Zeit befand sich hier ein Zentrum des Druidenkults, eine in ganz Gallien bekannte Kultstätte. Was man heute nicht mehr sieht: Hier gab es eine kleine Anhöhe, auf der man vor den Überschwemmungen der Loire sicher war, und die Kelten nannten diesen Hügel den Mittelpunkt der Welt. Warum? So genau weiß man das nicht mehr. Es soll einen unterirdischen Fluss geben, der genau in der Achse der Basilika verläuft – das hat uns erst neulich ein Wünschelrutengänger wieder bestätigt. Vielleicht hat dieser Fluss damit zu tun. Irgendetwas werden sich unsere heidnischen Vorgänger schon dabei gedacht haben."

Für Bruder Jean Marcel jedenfalls hat sich daran im Prinzip nichts geändert. Für ihn ist heute der Turm der Basilika der Mittelpunkt, nicht der Welt, aber Frankreichs. Und vielleicht muss man tatsächlich eine besondere Kraftquelle annehmen, wenn man die Beständigkeit dieser Abtei bedenkt. Bereits 651 haben sich an der Stelle des alten Druidenheiligtums die ersten Benediktiner niedergelassen und sind – trotz wiederholter Normannenüberfälle und Brandschatzungen – bis zur Französischen Revolution geblieben. Danach war das Kloster 150 Jahre lang verwaist, bis 1944. Seither lebt hier wieder eine rund vierzigköpfige Mönchsgemeinschaft.

Bruder Jean Marcel macht unser Rundgang offensichtlich Freude. Er erzählt wortreich, mit Ausschmückungen und Metaphern, und als er auf dem Rückweg vom Hafen die Bemerkung macht, der heilige Benedikt befinde sich in St. Benoît, verstehe ich das im ersten Augenblick als eine benediktinische Redensart. Hatte man nicht erst kürzlich die Gebeine des Ordensgründers bei Grabungen im italienischen Montecassino entdeckt? „Keineswegs", sagt Bruder Jean Marcel, „die sterblichen Reste des heiligen Benedikt werden in unserer Krypta aufbewahrt. Eine kleine Abordnung aus St. Benoît hat sie nämlich anno 672 in Montecassino abgeholt. Oder entführt, wenn Sie so wollen. Die Historiker bezeichnen unsere Handlungsweise als ‚frommen Diebstahl', aber das geht zu weit. Schließlich war Montecassino damals verlassen, die Langobarden standen im Begriff, Montecassino zu erobern, und wir sind ihnen zuvorgekommen. Eine gute Tat, nicht wahr? Im Übrigen scheint der Heilige seinen Umzug selbst gebilligt zu haben – und zwar durch die Wunder, die er hier wirkte."

Na ja. Jedenfalls sahen die Erbauer der Kirche keinen Grund, die rühmliche Tat zu verschweigen. Sie wird im Tympanon über dem Seitenportal der Basilika ausführlich dargestellt. Auf der linken Seite sieht man, wie bärtige gallische Mönche die heiligen Knochen in dem mitgebrachten Korb verstauen, auf der rechten erlebt man den freudigen Empfang der Heimkehrer durch ihre weihrauchkesselschwingenden Brüder mit. Rätselhaft ist die Szene in der Mitte: zwei Betten, in dem einen ein Mädchen, in dem anderen ein Knabe. Bruder Jean Marcels Erzählfreude erreicht ihren Höhepunkt, als er mir die hier geschilderte Episode erläutert.

„In Italien sahen sich unsere Mönche vor ein Problem gestellt, dass ihnen viel Kopfzerbrechen bereitete. Seine Zwillingsschwester, die heilige Scholastica, lag nämlich im selben Grab wie Benedikt, und unsere Mönche mussten beide Skelette mitnehmen, weil die Knochen der beiden in wüste Unordnung geraten waren – obwohl es ihnen einen Stich ins Herz gab, ihren Ordensgründer in so inniger Vermischung mit einer Frau vorzufinden. Was tun? So viel war klar: In diesem Zustand war der Heilige nicht präsentabel. Also hielten sie in einem Ort fünf Kilometer vor ihrem Heimatkloster an und sortierten die Knochen so gewissenhaft wie möglich. Aber konnten sie jetzt sicher sein? Hatten sie die Knochen wirklich richtig zugeordnet? Da kam ihnen die Idee, alles, was man für die Reste des heiligen Benedikt hielt, einem jüngst verstorbenen Knaben ins Bett zu legen – und siehe da, der Junge kehrte ins Leben zurück! Die Knochen der Scholastica hatten dieselbe belebende Wirkung auf ein totes Mädchen – ein Irrtum war also ausgeschlossen. Großes Aufatmen. Nun brauchten die Rückkehrer keine Bedenken mehr zu haben, ihren daheimgebliebenen Brüdern unter die Augen zu treten."

Bruder Jean Marcel ist bei dieser Geschichte noch häufiger als bisher in sein zufriedenes, ansteckendes Lachen ausgebrochen. Und er reagiert mit einem neuen Lachen, als ich ihn frage, ob die Mönche von Montecassino niemals den Versuch gemacht hätten, die heiligen Gebeine durch den nächsten frommen Diebstahl wieder an sich zu bringen – etwa, um sie vor der Revolution zu retten. Nein, sagt er, die Knochen seien bei ihnen sicher gewesen. Jedesmal, wenn die Reste des Heiligen bedroht gewesen seien, hätte man sie in die Obhut einer vertrauenswürdigen Person ge-

Die untere Bildleiste erzählt die Geschichte vom frommen Raub der Knochen des heiligen Benedikts – links ihre Auffindung im italienischen Montecassino, rechts die Rückkehr der Mönche, dazwischen das Auferstehungswunder.

geben. „Als das Kloster in der Revolution aufgelöst wurde, haben wir sie in eine Holzkiste verpackt und einem Privatmann hier im Dorf übergeben, der sie gut versteckte. Und während des letzten Kriegs wurde die Reliquie in den freien Teil Frankreichs geschickt. Am 11. Juli 1945 ist sie dann zu ihrem Schwerpunkt zurückgekehrt, in Begleitung des damaligen apostolischen Nuntius in Paris, Monsignore Roncalli, der Ihnen besser als Papst Johannes XXIII. bekannt sein dürfte."

Er muss los. Es ist halb drei, ein Glöckchen bimmelt, und kurz darauf sieht man zwischen den hohen, weißen Säulen der Basilika wehende schwarze Kutten, die einer Treppe im linken Seitenschiff zustreben. Ich folge den Mönchen in die Krypta, und da stehen sie im Halbkreis und verbeugen sich gegen den Reliquienbehälter mit den sterblichen Überresten ihres Ordensgründers und füllen dann den niedrigen, dämmrigen Raum mit ihrem klaren, in langen Wellen anschwellenden und wieder abebbenden Gesang. Der Behälter hat Ähnlichkeit mit einem kunstvoll beschlagenen Tresor, er steht in einer Nische des Mittelpfeilers und schimmert matt im Schein der Kerzen, die ihn mit ihrem warmen Licht einrahmen. Wessen Knochen darin aufbewahrt werden? In St. Benoît, sagte mir ein anderer Benediktiner, befinde sich der zweite Leichnam des heiligen Benedikts – der erste liege weiterhin in seinem Grab in Montecassino. Was wieder einmal zeigt, dass der Verstand schneller an sein Ende kommt als der Glaube.

Wie man einen verdammt guten Ziegenkäse macht

Cosne ist eine hübsche, lebhafte kleine Stadt unmittelbar an der Loire mit schönen, saftigen Uferwiesen und einer alten Eisenbahnbrücke, über die keine Züge mehr fahren, sondern Draisinen. Die kann man mieten und über den stillgelegten Schienenstrang bis nach Sancerre fahren und wieder zurück, indem man wie bei einem Fahrrad in die Pedale tritt, was ich mir ernsthaft zu tun überlegen würde, wenn mich nicht Emmanuel Melet und seine vierhundert Ziegen an diesem Nachmittag erwarteten.

Es ist ein strahlender Sonntagnachmittag, und auf dem Hof von Emmanuel und Marguerite Melet in Port Aubry herrscht Hochbetrieb. Ein paar Dutzend Ziegen müssen Blitzlichtgewitter und Kindergeschrei über sich ergehen lassen und tun das mit der freundlichen Gelassenheit, die diesen Tieren zu eigen ist. Ein Karussell dreht bimmelnd seine Runden, und die Tür zum Laden steht keinen Augenblick still. Aus ganz Burgund kommen sie, um in den ehemaligen Stallungen dieses Bauernhofs ihren Honig, ihre Wurst, ihren Käse einzukaufen. Vor allem ihren Käse. „Ich bin Bauer, Züchter, Käsehersteller, Händler und Animateur – alles in einem", sagt Emmanuel Melet, den ich beim Füttern der Ziegen antreffe, „weil es mir nicht reicht, guten Käse zu machen. Ich möchte, dass schon die Kinder den Zusammenhang begreifen zwischen dem Käse, den sie essen, und dem, was die Ziege und der Mensch dazu beitragen."

Melet stellt die Forke beiseite und bricht mit mir zu einer kleinen Besichtigung auf. Er muss um die fünfzig sein und sieht einem Pan auf barocken Gemälden ähnlich. Wenn mich nicht alles täuscht, gehört er zu den Leidenschaftlichen. Sein Hof hält einen respektvollen Abstand von einigen hundert Metern zur Loire. Er ist im Lauf des letzten Jahrzehnts beträchtlich vergrößert worden, die Stallungen sind neu, aber die Käserei befindet sich in dem alten Gebäude, das Generationen von Melets vor ihm bewohnt haben. Wieder einmal habe ich Grund, über die Seelenruhe der Leute

Im Neonlicht sieht man die Schimmelpilzsporen davonfliegen – ein Zeichen dafür, dass bei Melets Ziegenkäse alles echt, alles Natur ist.

hier zu staunen: Im größten Trubel nimmt sich Melet die Zeit, mir die uralte Kunst des Käsemachens zu erläutern! Wie die Ziegenmilch mit Molke versetzt wird, die alle Bakterien enthält, die man zur Käseherstellung braucht, wie diese Bakterien den Milchzucker fressen und in Milchsäure verwandeln, wie dann Lab beigefügt und das Ganze in großen Wannen sich selbst überlassen wird, bis ein leicht säuerlicher Quark entsteht, der nach zwei, drei Tagen zum Abtropfen in Tücher gepackt wird, wobei die Molke abfließt – der einzige Arbeitsschritt, der heute noch echte Handarbeit verlangt.

„Das Lab ist ein Enzym, das von Jungtieren beim Verdauen der Muttermilch erzeugt wird", erklärt Melet. „Früher wurde jener Teil eines Lamm- oder Kälbermagens, der dieses Enzym produziert, vom Metzger herausgeschnitten und getrocknet und zerhackt oder zermahlen. Heute machen das die Kerle in den Schlachthöfen, aber im Prinzip verfahren wir mit dem Lab nicht anders als unsere Vorgänger vor tausend Jahren. Man kann Milch natürlich auch auf andere Weise zum Gerinnen bringen, durch Essig oder Zitrone oder Alkohol. In manchen Ländern wird der Saft einer gewissen Distel dafür benutzt. Aber hier in Frankreich nehmen fast alle Käsehersteller Lab."

Über die Temperatur und die Menge des beigesetzten Labs kann der Geschmack des Käses beeinflusst werden. Und nach dem Abtropfen wird die Käsemasse in kleine Formen abgefüllt. Melet hält einen Steingutnapf in die Höhe. „Das ist die ursprüngliche Form für den Crottin de Chavignol", sagt er. „Ein Crot ist im Französischen ein großer Behälter aus Tonerde, ein Crotet ist sein kleiner Bruder, und der Crottin ist ein Käse, der die Form dieses kleinen Bechers hat." Anschließend salzt man den Käse, lässt ihn zwei bis drei Tage trocknen und dann in aller Ruhe bis zu sechs Monate reifen. „Noch im letzten Jahrhundert wurden die Käsen zum Trocknen in Weidenkörben in die Bäume gehängt und mit der wandernden Sonne immer wieder umgehängt. Je nach Wetterlage schmeckte der Käse dann am Ende mal so, mal so. Das war früher nicht weiter schlimm, da war Käsemachen im Grunde eine Methode, um Milch leichter zu transportieren und einfacher zu lagern. Wir haben heute natürlich vollklimatisierte Räume." Nun beginnen die Pilze ihr Werk. Die Schimmelpilze. Und mit der Zeit werden die Crottins bläulich. „Sehen Sie hier, bei Licht", sagt Melet und schlägt zwei Crottins unter der Neonleuchte an der Decke leicht zusammen, „wie das staubt. Da fliegen die Sporen davon. Die sind bei uns in der Luft, an ganz bestimmten Stellen des Raums, die werden nicht wie bei industriellem Käse gekauft und einfach draufgespritzt. So bekommt unser Produkt den Geschmack des Terroir … Kommen Sie mit, ich zeige Ihnen etwas."

Er führt mich zu einem alten Ziegenstall, einem Feldsteinhäuschen mit drei kleinen, morschen Holztürchen, in dem die Ziegen seines Nachbarn früher auf zwei Etagen lebten. Eng muss es darin gewesen sein. Aber wer Ziegen besaß, der war arm und lebte selbst nicht viel besser. „Ziegen waren der einzige Reichtum dieses kleinen Weilers", erzählt er. „Noch im letzten Jahrhundert gab es hier acht Ziegenherden. Meist waren es Frauen, die die Ziegen hüteten und Gras oder Kräuter für sie sammelten. Und es waren auch Frauen, die den Ziegenkäse machten. Keine Crottins! Jede Frau hatte ihre eigenen Käseformen. Der Crottin de Chavignol war ursprünglich der typische Käse von Sancerre. Nachdem die Reblaus dort im 19. Jahrhundert alle Weinstöcke zerstört hatte, blieben den Leuten von Sancerre nur noch ihre Ziegen. Da haben sie angefangen, Käse für den Export zu machen und ihr Produkt auf den Märkten von Paris verkauft. Und bei den Parisern kam dieser kleine, rundliche Klotz so gut an, dass irgendwann alle hier in unserer Gegend dazu übergingen, ebenfalls Crottins zu produzieren."

Es folgt, unweigerlich, die nächste Phase im Besucherprogramm eines Loiremenschen: Wir sitzen in seinem Wohn-, Ess- und Arbeitszimmer, einem Raum von enormen Ausmaßen voller Möbel und Krempel und Gerätschaften, an einem Tisch so groß wie ein Mühlrad und trinken ein Gläschen und plaudern. Das ist immer die beste Gelegenheit, danach zu fragen, wie alles anfing. Er nimmt einen Schluck. „Ich war arm – meine Frau hat mich nicht wegen meines Geldes geheiratet", antwortet er. „Wir haben uns damals gefragt, was wir tun könnten. Ihre Eltern hatten Kühe, und sie selbst machte für ihr Leben gern Käse. Und Käse, das ist für mich immer etwas Kostbares gewesen. Da hat man diese Flüssigkeit, die Milch, und verwandelt sie in etwas Festes, das köstlich schmeckt. Für mich war das wie ein Wunder. Und wir beschlossen, dieses Wunder jeden Tag zu vollbringen. Ziegen kosten ja nicht viel. So haben wir angefangen. Heute bin ich glücklich. Und weil ich ein Mensch bin, der gerne mit anderen teilt, haben wir diesen Hof für alle geöffnet, die ebenfalls für Käse schwärmen.

Ich will Ihnen eine Geschichte erzählen. Als ich jünger war, habe ich an Wettbewerben teilgenommen, an nationalen Käsewettbewerben. In den ersten Jahren bin ich immer leer ausgegangen. Dann wurde ich ein Meister meines Fachs und bekam fast jedes Jahr eine Goldmedaille. Genauso wie ein Freund von mir aus dem Poitou. Wir waren ungefähr gleichaltrig und hielten uns für die Besten. Eines Tages hatten wir eine Idee: Ich versuche, mit der Milch von meinen Ziegen bei mir seinen Käse nachzumachen, und er probiert, ob er mit der Milch seiner Ziegen bei sich im Poitou meinen Käse hinkriegt. Und was soll ich Ihnen sagen? Wir sind beide gescheitert. Das Resultat war essbar, mehr nicht. Man kann also noch so gut sein – letztlich ist es die Natur, die den Käse macht. Und wenn ich Natur sage, dann denke ich daran, was meine Ziegen fressen, aber auch, in welcher Umgebung mein Käse reift. Je mehr man über Käse weiß, desto besser versteht man, wie wenig man davon versteht. Doch das ist nicht schlimm, solange man der Natur gehorcht und bescheiden bei seiner Sache bleibt. Der Bûche meines Freundes gelingt mir hier einfach nicht. Und deshalb werde ich bis zum Ende meiner Tage Crottins machen."

Jetzt will ich ihn nicht länger aufhalten. Die Sonne wird bald über der Loire untergehen, aber immer noch steht die Tür zu sei-

Der leidenschaftliche Käsehersteller Emmanuel Melet vor einem alten Ziegenstall seines Heimatdorfs. Jede Ziege besaß hier ihre eigene gute Stube.

nem wunderbaren Laden nicht still, immer noch bedient Marguerite Melet in ihrem weißen Kittel hinter der Käsetheke und verkauft diese sahnigen, cremigen, mürben oder festen kleinen Käseklötzchen und -kugeln und -törtchen. Und ich fahre durch eine sanft geschwungene Abendlandschaft, weiß gesprenkelt mit Kühen von majestätischer Teilnahmslosigkeit. Bernini-Marmor-Kühe. Charolaisrinder. Jedes die Verkörperung des Zeus. Passend zu diesem Fluss, von dem Emmanuel Melet bei unserem Abschied noch geschwärmt hat. Er hat es nicht weit bis zur Loire, und oft nimmt er sich bei Sonnenuntergang die Zeit für einen kleinen Uferspaziergang, um nach einem anstrengenden Arbeitstag wieder zur Ruhe zu kommen. Er kennt sie gut, die Loire, seit einem halben Jahrhundert. Sie sei unberechenbar, hatte er gesagt. Sobald es ein Gewitter gebe, brause sie auf. Dann könne sie bis zu einem Kilometer breit werden und mit schäumenden Fluten vorbeiziehen. Und immer noch komme es im Winter vor, dass sie Eis führte. An einen Winter seiner Kindheit erinnere er sich besonders gut. Da habe er des Nachts im Haus gehört, wie die großen Eisschollen an dem Pfeiler der Eisenbahnbrücke von Cosne zerbarsten. Das habe geklungen wie das Geheul der Verdammten in Dantes Hölle. Die Natur habe geschrien. Nichts sei zu sehen und auch nichts anderes zu hören gewesen als nur das Kreischen und Krachen des Eises.

La Fromagère
ZUBEREITET VON EMMANUEL MELET AUS
La Ferme du Port Aubry IN PORT AUBRY

WEINEMPFEHLUNG
ein Rosé aus Sancerre.

ZUTATEN FÜR 1 PERSON
*1 frischer Ziegenkäse, 1 Schalotte, 1 Bund Schnittlauch
Salz, Pfeffer, wahlweise dazu: geröstetes Brot oder
Pellkartoffeln*

ZUBEREITUNG IN 10 MINUTEN
Den Ziegenfrischkäse mit Salz, Pfeffer, der kleingeschnittenen
Schalotte und Schnittlauch anmachen und eine oder mehrere
Schnitten geröstetes Brot damit bestreichen. Oder zu Pellkar-
toffeln essen.

TIPP
Diese einfache Käsemahlzeit genehmigte man sich früher, in den
alten Zeiten, des Nachmittags mit Freunden, vor allem im Sommer, wenn man erschöpft war vom Dreschen. Das päppelte einen
wieder auf, so blieben Mund und Magen frisch. Man isst die
Fromagère aber auch ohne Hunger zu haben, so gut schmeckt sie.

Ziegenkäsetorte
ZUBEREITET VON MARGUERITE MELET AUS
La Ferme du Port Aubry IN PORT AUBRY

ZUTATEN FÜR 4 PERSONEN
FÜR DEN MÜRBETEIG:
250 g Mehl, 125 g Butter, 1 Ei, 65 g Zucker,
1 Päckchen Vanillezucker, 2 Esslöffel kaltes Wasser
ZUTATEN FÜR DEN BELAG:
3 Eier, 100 g Zucker, 150 g frischen Ziegenkäse

ZUBEREITUNG IN 60 MINUTEN
Die Zutaten für den Teig miteinander vermischen und kräftig
kneten. Den Mürbeteig dann ausrollen und in eine gut gefettete
Springform legen. Mit der Gabel mehrmals einstechen. Den
Teig bei 180 Grad ungefähr 20 Minuten vorbacken. Er darf
nicht braun werden.
Für den Belag die Eier trennen und das Eiweiß steifschlagen.
Die Eidottern mit dem Zucker verquirlen und mit dem Ziegenkäse vermischen. Das Ganze vorsichtig unter den Eischnee
ziehen. Diese Mischung dann auf den Teig geben. Die Torte in
den Ofen schieben und ca. 20 Minuten backen. Sie muss eine
schöne, goldene Kruste bekommen und richtig aufgehen. Am
besten wird sie lauwarm gegessen, zu einer guten Tasse Kaffee.

Die Königin unter den Weißweinen Frankreichs

Das Städtchen Sancerre auf seinem Hügel ... Der Anblick ist anrührend schön, vor allem von Süden, vor allem im Abendlicht. Das schimmernde zarte Grün der Weinstöcke im Tal, der Weinstöcke am Hang, und oben, in hellen Erdfarben strahlend, als Krönung der Ort mit dem berühmten Namen. Sancerre vor Augen, habe ich immer das Gefühl, den heiligen Berg Frankreichs zu erblicken – heilig in dem Sinne, in dem Andechs der heilige Berg Bayerns ist. Und leider bleibt, wenn man näher kommt, auch von der Heiligkeit Sancerres nicht mehr übrig als von der Andechser Heiligkeit.

Zum ersten Mal trifft man in Sancerre auf jene Spezies von Touristen, die keinen anderen Grund haben, hier zu sein, als den, hier gewesen sein zu wollen. Sie sehen aus, als kämen sie vom Autorennen oder vom Strand, jedenfalls nie so, als kämen sie von da her, von wo sie herkommen, nämlich aus dem Auto oder dem Hotel. Von Charme und Charakter kann hier also nicht die Rede sein, und da der ganze Ort auf solchen Besuch eingestellt ist, erspare ich mir Sancerre. Immerhin gibt es in St. Satur am Fuß des Hügels eine Schifferkapelle mit einer Schiffsschraube neben dem Altar und ein paar langen Rudern und einer Tafel an der Wand mit der Inschrift: „À la memoire des péris en Loire – et la Loire fut leur linceul." (Zum Gedächtnis derer, die auf der Loire ihr Leben ließen – die Loire wurde für sie zum Leichentuch.) Diese Kapelle ist nicht aufregend, aber sie ist echt – da fällt einem wieder der Winter 1812 ein und das Schicksal von Tibis Gabarre – und sie ist auch etwas rätselhaft, weil sie nämlich St. Roch geweiht ist, dem heiligen Rochus also, und das gehört sich an der Loire eigentlich nicht.

Eigentlich müsste sie St. Nicolas geweiht sein. St. Nicolas oder allenfalls St. Vincent. Denn St. Nicolas ist für die Loireschiffer zuständig, St. Vincent für die Winzer, und meines Wissens halten sich alle Orte am Fluss, soweit sie im Einflussbereich des Weins liegen, an diese Regel: In Ufernähe liegt die St. Nicolas-Kirche, weiter stadteinwärts die St. Vincent-Kirche. Was hat also der Pestheilige Rochus hier zu suchen?

Zehn Kilometer weiter, am gegenüberliegenden Ufer in Pouilly, erteilt mir Monsieur Gardette Nachhilfeunterricht in lokaler Heiligengeschichte. Ich kenne ihn von früher. Er ist immer bereit, mir die Vergangenheit dieser beiden Zwillingsorte auszuleuchten, und diesmal lautet des Rätsels Lösung: Im 15. Jahrhundert gab es ein Zerwürfnis zwischen den Schiffern des einen und des anderen Ufers, und die Verärgerung der Schiffer von Sancerre saß so tief, dass sie mit denen von Pouilly nicht einmal mehr den Heiligen teilen wollten. So liefen sie zu St. Roch über, während die Pfarrkirche von Pouilly nach wie vor ein Musterbeispiel der hiesigen Sitten darstellt – sie ist beiden Heiligen geweiht, St. Nicolas und St. Vincent. Wobei der heilige Nikolaus mit dem Aufkommen der Eisenbahn und dem Niedergang der Loireschifffahrt rasch an Bedeutung verlor und der heilige Vinzenz, der Schutzpatron der Winzer, ihn seither überstrahlt.

Im Unterschied zu Sancerre ist Pouilly ein gewöhnliches, ein ganz unauffälliges Städtchen zwischen Fluss und Rebenfeldern, nicht ohne Spuren von Wohlstand, aber mit der Ausstrahlung von Alltag und Arbeit. Mit anderen Worten: Pouilly ist wunderbar normal, und diese Normalität lässt sich am besten vormittags von einem Tisch der Bar du Centre aus studieren: Alte Männer in beigen oder dunkelblauen Strickjacken trotten ungerührt mit leeren Einkaufstaschen vorbei, hochbeinige Weinlesemaschinen rattern über die Hauptstraße, die alten Männer kommen zurück, mit gefüllten Einkaufstauschen und einer Baguette unterm Arm, und diesmal gehen sie nicht vorbei. Bald schimmert der Rotwein hell in kleinen Gläsern auf dem Tresen, und alles geht so aufgeräumt, so unaufgeregt normal zu wie loireauf, loireab üblich.

Ungewöhnlich an Pouilly ist nur der Wein. Der Pouilly fumé. Als ich dem Winzer Jean-Michel Masson meine alte Frage stelle, welche Rolle der Pouilly fumé seiner Meinung nach in einem Drama spielen würde, erklärt er sich zunächst für befangen, räumt nach kurzem Zögern aber lächelnd ein, dass er in der Rolle der Königin sicher keine schlechte Figur machen würde. „Wegen seiner Eleganz. Eigentlich müssten das die Kunden entscheiden, ich bin nicht ganz objektiv. Aber der Pouilly fumé gehört doch ohne Übertreibung zu den edelsten Weißweinen überhaupt." Wer wollte das bestreiten?

Nicht unerwartet auch, dass sich in dieser Antwort gesundes Selbstbewusstsein mit kluger Zurückhaltung paart. Das passt zum

Eine Traumwelt aus Weinstöcken, Reben und Trauben – die Weinberge von Pouilly im Abendlicht, mit der schimmernden Wasserfläche der Loire im Hintergrund.

Charakter dieses Ortes und seiner Menschen, die erheblichen Grund zur Selbstzufriedenheit hätten. Denn die Winzer von Pouilly erleben im Augenblick gute Zeiten, und ein untrügliches Zeichen dafür ist, dass sie keine Nachwuchssorgen haben. In jeder Winzerfamilie gibt es mindestens ein Kind, das ebenfalls Winzer werden und den elterlichen Betrieb übernehmen möchte – im Beaujolais und im Bordelais sieht das anders aus. Jean-Michel Masson selbst stammt allerdings nicht aus einer Winzerfamilie. Nach der Hochzeit mit Michelle Blondelet hat er den Betrieb seines Schwiegervaters übernommen, seither nennt sich die Domaine Masson-Blondelet. „Aber die Familie meiner Frau macht schon seit sechs Generationen Wein", sagt er. „Das habe ich herausgefunden, als ich einmal starke Rückenschmerzen hatte und nicht im Weinberg arbeiten konnte. Das heißt, bei der sechsten Generation habe ich meine Nachforschungen eingestellt, weil die Rückenschmerzen nachließen. Es mag gut sein, dass ich sonst auf neun oder noch mehr Generationen gekommen wäre."

Als er vor 32 Jahren anfing, habe er geglaubt, als Winzer beherrsche man irgendwann sein Handwerk. Aber das tue man niemals. Einmal, weil ein Winzer ohnehin ein Alleskönner sein müsse. Jemand, der sich auf die Landwirtschaft versteht, also auf das Anlegen und die Pflege eines Weinbergs und die Kunst der Weinlese.

Jemand der mit dem Prozess des Weinmachens selbst und all seinen Feinheiten vertraut ist, der darüber hinaus ein gewiefter Kaufmann ist und obendrein noch ein passabler Mechaniker sein sollte. „Es gibt nicht viele Berufe, die so viele unterschiedliche Kenntnisse erfordern", sagt er. „Und dann fängt man als Winzer jedes Jahr wieder bei Null an. Man weiß nie im Voraus, wie sich der Wein entwickeln wird oder wann und in welcher Reihenfolge man am besten mit der Lese beginnt. Manchmal möchte man verzweifeln – da ist es sehr hilfreich, jemanden in der Familie zu haben, der wie meine Frau auf zweihundert Jahre Familientradition zurückblickt und einen beruhigt oder ermutigt, wenn nötig."Keine Selbstzufriedenheit. Und Zurückhaltung auch da, wo es um den Nachbarort schräg gegenüber geht, das lange Zeit weitaus bekanntere Sancerre. Bei einer Blindverkostung von Sancerre- und Pouillyweinen würde er den Unterschied wahrscheinlich nicht schmecken, sagt er. „Merkt man einem Pouilly wirklich an, dass unser Boden mehr Lehmanteile hat als der von Sancerre? Ich bezweifele das." Zumal schon im Herzen des Anbaugebiets von Pouilly ganz unterschiedliche Böden auftreten: Kalkstein-, Mergel- und Feuersteinböden nämlich. Allenfalls lässt Monsieur Masson gelten, dass Pouillyweine bisweilen noch etwas körperreicher und duftiger ausfallen als Sancerreweine. Sauvignonweine sind im Übrigen alle beide. „Chenin ist für uns hier weniger geeignet", sagt er. „Der Chenin braucht die ozeanischen Einflüsse, um zu gedeihen. Wir haben hier ein eher kontinentales Klima, mit härteren Wintern – obwohl die Loire auch bei uns mäßigend wirkt. Sobald man sich zehn Kilometer vom Fluss entfernt, misst man im Winter drei bis fünf Grad kältere Temperaturen. Ich glaube, dass unsere Altvordern sich schon die idealen Orte für jede Traubenart ausgesucht haben. Heute Morgen war es zum Beispiel neblig, die Nacht war sehr kühl, wobei die Nachmittage der letzten Woche viel Sonne gebracht haben – das sind optimale Bedingungen für den Sauvignon." Trotzdem, räumt er ein, gebe es eine gesunde Rivalität zwischen Sancerre und Pouilly. Die sporne an. Wenn es jedoch gegen Dritte gehe, halte man zusammen, dann zähle nur noch der gute Ruf der ganzen Region. „Uns verbindet einfach zu viel – dieselbe Rebsorte, dasselbe Preisniveau – und vor allem derselbe Stolz auf unsere Produkte."

Nein, keine Selbstzufriedenheit bei Jean-Michel Masson. Aber Selbstbewusstsein, begründetes Selbstbewusstsein, denn seine Weine sind außerordentlich, und das in einer Region, die seit langem durchweg Prestigeweine liefert. Sein Pouilly fumé Villa Paulus von 2005 zum Beispiel, ein Wein, der auf Mergel- und Feuersteinböden gewachsen ist, für die das Vorkommen kleiner, versteinerter Austern typisch ist. Er stammt von seinen ältesten Rebstöcken, den vierzigjährigen, und ist ein hinreißender Wein. Die Sauvignontraube ergibt ohnehin die abenteuerlichsten Aromen, und dieser Villa Paulus duftet nach Wiesen, Zitrusfrüchten und Mandelkern, wozu sich auf der Zunge noch Mango- und Maracujatöne gesellen. Es ist ein raffinierter Wein mit fein ausbalancierten Nuancen, sehr zurückhaltend, etwas für ganz feinsinnige Genießer. Er erfordert eine hohe Konzentrationsfähigkeit und beglückt dann mit einem Geschmackserlebnis, das den ersten Augenblicken eines Sonnenaufgangs vergleichbar ist.

„Wenn ich ein Geheimnis hätte, würde ich es nicht verraten", sagt Monsieur Masson schmunzelnd beim Besuch seines Kellers, wo auf drei Ebenen die einzelnen Arbeitsschritte vom Keltern bis zur Abfüllung nach einem ausgeklügelten System erfolgen, das ihm erlaubt, mit nur einer Pumpe auszukommen. Aber so viel lässt sich doch sagen: Je nach Bodenbeschaffenheit wird der Wein bei ihm unterschiedlich behandelt. „Bei Feuersteinböden muss man aufpassen", erklärt er, „da bekommt man schnell übertrieben aromatische Weine, die Karikatur eines Pouilly fumé. Manche würden sie vielleicht als schön fruchtig bezeichnen, aber ein guter Pouilly fumé braucht vor allem Harmonie und Eleganz." Deshalb werden die Weine nach Terroir sortiert. Was auf Kalk- und Feuersteinböden gewachsen ist, kommt in Edelstahlbehälter, der Rebensaft von Mergelböden dagegen wird in 600-Liter-Fässern ausgebaut. Üblich sei das nicht. „Wir benutzen mehr Fässer als die meisten anderen Winzer der Region", sagt er. „Für den Ausbau in Fässern braucht man nämlich sehr gute Trauben und eine Menge Erfahrung. Wir haben 1986 damit angefangen und waren erst zehn Jahre später mit dem Ergebnis zufrieden."

Sein Keller ähnelt in nichts den mehr oder weniger stimmungsvollen Weinkellern des Anjou und der Touraine. Es ist ein Zweckbau aus nacktem Beton – stocknüchtern, wie es der hiesigen

Der Winzer Jean-Michel Masson. Seine Weine mit ihren fein ausbalancierten Geschmacksnuancen gehören zum Besten, was Pouilly zu bieten hat.

Mentalität entspricht. „Ich investierte lieber in Material und Arbeitsgerät als ins Gebäude", sagt er und führt mich hinaus zu der nagelneuen Erntemaschine, die sein Sohn Pierre-François gerade für ihren ersten Einsatz am nächsten Morgen vorbereitet. „Wir haben zehn Tage für die Lese. Wollten wir das mit der Hand machen, würden wir bei zwanzig Hektar ungefähr sechzig Leute brauchen. Die sind unmöglich aufzutreiben, von Unterbringung und Versorgung ganz zu schweigen." Also wird er ab morgen selbst auf dieser Erntemaschine sitzen. Er ist gespannt. Eine völlig neue Maschinengeneration sei das, eigens für die Weinberge von Sancerre und Pouilly entwickelt. 120 000 Euro war sie ihm wert. Wenn nur das Wetter mitspielt. Es sieht nach Regen aus. Dann müsse er warten, obwohl der beste Zeitpunkt für die Lese gekommen sei …

Am nächsten Morgen ist es feucht und kalt, dichter Nebel hüllt die Weinberge am rechten Loireufer ein, von denen aus man sonst zwei Flusswindungen schimmern sieht und dahinter die zartblaue Silhouette des Hügels von Sancerre. Die Lese wird noch warten müssen. Und mir bleibt Zeit, eine Erklärung anzuhängen betreffs der merkwürdigen Bezeichnung „fumé". Mit „geräuchert" oder „verqualmt" müsste man das übersetzen, und tatsächlich leitet sich der Ausdruck von dem feinen, grauen Überzug auf der Schale der hiesigen Sauvignontraube her, wie von Rauch oder Asche.

Solche Überraschungen erlebt Philippe Martin, der Küchenchef des Relais Fleuri in Pouilly, fast täglich. Heute war es ein Pilzsammler aus dem Ort, der ihm diese kapitalen Kaiserlinge vorbeigebracht hat.

Ein Abend, an dem Rabelais
seine Freude gehabt hätte

Das *Relais Fleuri* in Pouilly ist ein renommiertes Haus, geschätzt auch von den Einheimischen, mit einer sehr bestimmt auftretenden Chefin, die hier alles mit einem feinen Lächeln dirigiert. Nur dass sie zunächst schwer zu finden ist hinter ihrem Pult, denn das Entrée des *Relais Fleuri* ist ein beherztes Durcheinander, eine Mischung aus Bar, Salon, Weinkeller, Aquarium und Durchgangsstation zwischen Küche und Restaurant, wo ein Klavier und ein Langustenbecken ein Beispiel friedlicher Koexistenz abgeben, das keinen Surrealisten kalt gelassen hätte. Als ich die Chefin schließlich ausgemacht habe, bekomme ich von ihr den Schlüssel zu einem Zimmer mit weitläufiger Veranda und Loireblick sowie die Zusicherung, dass ihr Gatte, der Küchenchef Philippe Martin, von der Vorstellung, sich mit mir zu unterhalten, „bezaubert" sei.

Die Küche hier sei burgundisch, heißt es, also eine der abwechslungsreichsten und üppigsten Frankreichs, und die Speisekarte des *Relais Fleuri* ist dementsprechend verheißungsvoll. Hirschterrine und Morvanschinken als Vorspeisen, Flusskrebse in Pouilly fumé, Hecht aus der Loire und Fischragout nach Loireschifferart oder Coq au Vin de Pouilly und Rebhuhn à la Chartreuse als Hauptgerichte – das klingt nicht schlecht, und als Monsieur Martin aus der Küche kommt, bringt er gleich eine ganze Apfelsinenkiste voll kapitaler, orangeroter Pilze mit. „Schauen Sie", sagt er glückstrahlend, „Kaiserlinge. Ganz frisch. Die hat mir gerade jemand vorbeigebracht. Ein Sammler, der sich mit den Mondphasen auskennt. Die Leute hier wissen, dass ich für so etwas immer ein dankbarer Abnehmer bin." Er nimmt Platz, lässt sich einen Espresso kommen – und vergisst ihn ganz über seinen lebhaften Ausführungen zur regionalen Küche seines Hauses.

„Was heißt Cuisine du Terroir? Es heißt, Produkte aus der Gegend verwenden, von örtlichen Herstellern, von Sammlern oder Jägern, die gleich nebenan wohnen, von Züchtern, die man lange kennt. Unsere Täubchen etwa kommen aus dem Nivernais, von Monsieur Lulu, und die Vögel werden nach unseren Anweisungen gefüttert und geschlachtet. Es heißt auch, die Küche der Vergangenheit den neuen Ernährungsgewohnheiten anpassen. Und es heißt auch, mit den Jahreszeiten gehen.

Wir haben hier auf der einen Seite den Fluss und auf der anderen die Weinberge, also lasse ich mich von beiden inspirieren. Unglücklicherweise ist die Loire arm an schönen Fischen, doch ab und zu bekommen wir Hechte oder Zander von kleinen, professionellen Fischern. Wir erinnern auf unserer Karte auch daran, dass es früher an den Ufern der Loire von Fröschen wimmelte – leider sind sie selten geworden. Das Gleiche gilt für den Lachs. Bei Nevers wurden letztes Jahr noch 1 100 Lachse gezählt, die natürlich unbehelligt bleiben, aber – eine Speisekarte ohne Lachs? Undenkbar in Pouilly! Deshalb räuchern wir den Lachs wenigstens über getrockneten Weinranken.

Man muss unserer Karte anmerken, dass wir in einer Weinregion leben. Deswegen gibt es im Augenblick Weinbergpfirsiche und Traubensaft zum Frühstück und Rebensprossen mit Steinpilzen und Olivenöl – ein sehr altes Rezept, das die Römer erfunden haben. Vieles von dem, was abends auf den Tisch kommt, steht allerdings nie auf der Karte, weil irgendjemand es erst im Laufe des Nachmittags vorbeigebracht hat, zu meiner eigenen Überraschung. So wie die Kaiserlinge. Unsere Karte hinkt den Ereignissen immer hinterher."

Ein bisschen Kulturpolitik spielt in Philippe Martins Küchenpolitik auch hinein. Es gebe Europa, und es gebe Frankreich, sagt er. „Das tiefe Frankreich mit seinen alten Vorstellungen und das neue Europa mit seinen modernen Ideen. Ich bin ein moderner Mensch, aber wenn es um den Geschmack geht, denke ich ganz konservativ. Und deshalb bin ich ein Verfechter des tiefen Frankreichs und seiner Bauern – und überhaupt aller Menschen, die in Frankreich schöne Dinge machen." Aber natürlich gehe es beim Essen in erster Linie um Emotionen. Um starke Emotionen. Und diese Emotionen würden oft durch Kindheitserinnerungen ausgelöst. „Aus diesem Grund benutze ich oft alte, vergessene Gemüsesorten wie Pastinaken, Fenchelknollen und Kerbelwurzeln – wenn man dabei an die eigene Großmutter denken muss, wird einem gleich wohl ums Herz. Und ich sehe nichts lieber, als wenn meine Gäste nach der Mahlzeit das Brot in die letzte Sauce tunken. Das ist eine rituelle Gebärde des Bauern, und sie bedeutet: Mir hat's geschmeckt, der Koch hat seine Sache gut gemacht."

Ich habe beschlossen, mich heute Abend ganz in seine Hand zu begeben – eine Idee, zu der mich Monsieur Martin beglückwünscht. Das Restaurant füllt sich schnell. Es ist hell und geräumig und unspektakulär, bis auf den Blick durch große Fenster auf die Loire im Abendlicht. Monsieur Martin lässt es sich nicht nehmen, mit seinem Korb voller Kaiserlinge stolz von Tisch zu Tisch zu gehen – das sei Terroir in Reinform, im Urzustand sozusagen. Und dann eröffnet er den Reigen seiner Spezialkompositionen mit einer Entenleberterrine mit Chasselastraubengelee und Feigenkompott, wozu er ein Gläschen 1997er Optimum serviert. „Ein lokaler, süßer Wein mit einer schönen Säure. Kaum einer weiß, dass es unsere mineralischen Pouillys auch als edelsüßen Wein gibt. Etwas ganz Seltenes." Und umwerfend Wohlschmeckendes, üppig Burgundisches. Als nächstes kredenzt er einen noblen, feinen, essenzhaften Pouilly fumé von 2001 zu einem ganz klassischen Gericht, nämlich Schnecken und Froschschenkel mit ganzen gebratenen Knoblauchzehen, die Schnecken auf einem Bett von weichgekochten Tomaten – eine Kreation, die ebenfalls nicht auf der Karte steht und Monsieur Martins Konzeption einer Cuisine de terroir aufs Angenehmste in sinnliche Wahrnehmung übersetzt. Dann folgt ein Kalbsbries mit diversen Gemüsepürees und Steinpilzen, in Verbindung mit einem 1995er Pouilly fumé Majorum, voll und rund und goldgelb im Glas – fast zu voluminös für diesen Gang, aber ein weiterer Beweis für die enorme Spannweite des hiesigen Sauvignons. Die Käseauswahl, das sei abschließend erwähnt, bedeutete den Höhepunkt meiner Reise auf diesem Gebiet.

Es war ein Abend, an dem Rabelais seine Freude gehabt hätte, und ich bin froh, dass die Veranda meines Zimmers einen kleinen Nachtspaziergang erlaubt. Kein Froschquaken unterbricht die Stille. Auf meine Frage am nächsten Morgen erfahre ich, dass die Froschschenkel meines Terroirtellers aus Albanien stammten.

Jakobsmuscheln mit frischem Ziegenkäse

Zubereitet von dem Küchenchef Philippe Martin vom *Le Relais Fleuri* aus Pouilly sur Loire

Weinempfehlung
ein Pouilly fumé des Jahrgangs 2005

Zutaten für 1 Person

1 Jakobsmuschel in der Schale, Butter, Guérande-Salz, 3 Messerspitzen Zitronenconfit, 4 ausgelöste Jakobsmuscheln, 4 Blätterteigplättchen, 1 Crottin de Chavignol (runder Ziegenweichkäse)

Zubereitung in 35 Minuten

Die Jakobsmuschel in der Schale mit Butter, Guérande-Salz und dem Zitronenconfit 5 Minuten garen. Dann die vier ausgelösten Jakobsmuscheln in einer heißen Pfanne von beiden Seiten jeweils 2 Minuten braten und anschließend auf Blätterteigplättchen drapieren. Den Ziegenkäse langsam in einer Kasserole schmelzen, bis er flüssig wird. Jakobsmuscheln und Käse dann dekorativ Seite an Seite auf einem Teller anordnen.

Die Heilige im Glassarg

In Nevers ist Markt, und die halbe Stadt scheint sich zwischen den Tischen der Händler und in den Markthallen zu drängen. In der *Bar des Halles* wird gekickert und gelacht und Zeitung gelesen und heftig diskutiert, am Tresen besonders, Weingläser werden klirrend auf den Marmorplatten der Tische abgestellt und schwere Einkaufstaschen hereingetragen und mitgebrachte Croissantes in Café au lait getunkt, Begrüßungsküsse schallen durch den Raum, Spielautomaten flackern, und ein Schäferhund reibt seine Schnauze an den Tischkanten entlang. Markttag eben.

Nevers ist eine alte Stadt mit einer wunderschönen gotischen Kathedrale und einer imposanten romanischen Kirche, die 1097 fertiggestellt wurde, St. Etienne geweiht ist und den Grafen Guillaume so teuer kam, dass er seine Teilnahme am ersten Kreuzzug absagen musste. Und außerdem – wo wir schon bei den christlichen Sehenswürdigkeiten sind – ist hier, in St. Gildard, der Leichnam der heiligen Bernadette zu besichtigen. Sie schlummert unverwest in ihrem gläsernen Sarkophag, eine junge Frau, faltenlos, bis auf das Gesicht und die zusammengelegten Hände mit einer Nonnentracht bedeckt, einen elektrischen Heiligenschein über dem Kopf, der einen zarten gelblichen Schimmer auf ihr wächsernes Antlitz wirft. Eine Reisegesellschaft betagter Österreicher geht geschlossen vor ihr in die Knie. Eine Tafel am Eingang verkündet: „Der Körper ist intakt und wie versteinert, nach Aussage der ärztlichen und behördlichen Gutachten, die anlässlich der Exhumierung angefertigt wurden. Da Gesicht und Hände durch die Berührung mit der Luft dunkler zu werden anfingen, wurden sie mit einer dünnen Wachsschicht überzogen. Ihre Haltung ist die, die sie im Sarg eingenommen hatte." Rechts von ihr ein Buch, aufgeschlagen, mit ihren letzten und allerletzten Worten, ein Protokoll ihres frühen Todes mit 35 Jahren: „Bernadette möchte aufgerichtet werden. Es ist halb zwölf. Man hilft ihr in einen Lehnstuhl. Der Stuhl steht gegenüber dem Christusbild, das sie wie gebannt anschaut. Sie ergreift das Kreuz und presst es an ihr Herz. „Mein Jesus!", ruft sie aus, „wie ich ihn liebe!" Kurz darauf trinkt sie einen Schluck Wasser, neigt ihren Kopf zur Seite und gibt ihren Geist auf. Sie war sehr schön."

An der friedlichen Loire gibt es kaum einen friedlicheren Ort als den Bec d'Allier, den Zusammenfluss von Allier und Loire.

Draußen die Grotte. Eine Nachbildung der berühmten Grotte von Lourdes. Bankreihen davor wie in einem Freiluftkino. Ergreifend schlicht das Ganze: Die Gipsfigur der Jungfrau Maria in einer Nische oben rechts, die Gipsfigur der knienden Bernadette unten links, dazu ein Kerzenflammenmeer. Den Hergang der wundersamen Geschichte erfährt man im Museum: Zwischen dem 11. Februar und dem 16. Juli 1858 erscheint die Jungfrau der 14-jährigen Bernadette achtzehnmal. Am 25. März gibt sich die Erscheinung als „Unbefleckte Empfängnis" zu erkennen. Zehn Jahre später ist Lourdes bereits eine vielbesuchte Pilgerstätte für Kranke.

Warum lassen mich all diese Wunder kalt? Vielleicht, weil das ganze Arrangement allzu nachdrücklich die Kapitulation vor der erdrückenden Beweislast heischt. Der Sessel, in dem sie ihre Seele aushauchte, der Rosenkranz ihrer schlaflosen Nächte, ihre Briefentwürfe an den Papst, der Schneewittchensarg mit dem unversehrten Leichnam, der Stein aus der Originalgrotte, auf den die Jungfrau ihren Fuß gesetzt hatte – alles soll beweisen, dass es in diesem Fall nicht mit irdischen Dingen zuging. Das mag sein. Aber mir ist der Aufwand zu groß, mit dem der Unglaube hier in die Knie gezwungen werden soll. Vielleicht war diese Bernadette aber gar nicht so übel. Vielleicht war sie eine kleine Schwester der Jeanne d'Arc, geboren in eine Zeit, in der sie mit ihren Talenten verkümmern musste.

Das Schönste an Nevers aber ist für mich etwas, das mit der Stadt selbst gar nichts zu tun hat. Das Schönste ist der Bec d'Allier, der Zusammenfluss von Allier und Loire etwas weiter südlich – eine pastorale, vollkommen stille, sonnenüberflutete Flusslandschaft. Ich stelle den Wagen ab, steige aus – und atme auf. Ein Hund bellt in der Ferne, ein Gartentor schlägt, ein Fahrrad liegt im hohen Gras der dünenartig gewellten Uferwiesen, über die vereinzelte Baumgruppen mit strahlendem Herbstlaub lange Schatten werfen, und zwei Mädchen, die sich unbeobachtet fühlen, sitzen auf dem kleinen Sandstrand am Allier und singen mit dünnen Stimmen ein Duett. Kurz dahinter wirft sich der Allier mit Ungestüm auf die Loire, als feiere er eine Liebeshochzeit. Durch die Grasinseln windet sich ein Sandweg, auf dem die beiden Mädchen jetzt flussabwärts spazieren, dorthin, wo die Loire einen silbernen Spiegel bildet, eingerahmt vom leuchtenden Grün der Uferwälder, und ihr Lachen ist noch lange zu hören. An der friedlichen Loire gibt es kaum einen friedlicheren Ort.

Auch Schiffe haben ihre Geheimnisse

Wenn man am östlichen Loireufer auf Décize zufährt, kommt man durch St. Leger les Vignes. Und wenn man es dabei nicht an Aufmerksamkeit fehlen lässt, bemerkt man gleich neben dem Fahrdamm einen Schlepper, der für den Rest seiner Tage hier auf dem Trockenen liegt. Dieser Schlepper ist, soweit ich das beurteilen kann, eine Sensation, nämlich das letzte Kettenschiff der Welt.

Als ich 1993 erstmals hier vorbeikam, lag er halb versunken am Eingang zum Canal Nivernais. Ich hielt sofort an. Was ich da sah, durfte es eigentlich gar nicht geben. Meines Wissens lag das einzige erhaltene Exemplar eines Kettenschiffs seit 1940 am Elbufer bei Magdeburg, durch Aufbauten vollkommen unkenntlich gemacht und nur noch für Experten zu identifizieren. Ansonsten wusste ich lediglich von Modellen in Schifffahrtsmuseen. Und hier, vor meinen Augen, rottete ein solches Schiff im Originalzustand vor sich hin. Eines der interessantesten Kapitel der Flussschifffahrtsgeschichte drohte sang- und klanglos in den Fluten der Loire zu versinken! Auf dem Rathaus von St. Leger les Vignes erfuhr ich, dass dieser Schlepper den seltsamen Namen „Ampère V" führe, erst 1975 außer Dienst gestellt und danach einfach seinem Schicksal überlassen worden sei. Ich hatte den Leuten damals einen kleinen Vortrag über Kettenschiffe gehalten. Ich befürchte, es wird ihnen nicht alles neu gewesen sein. Aber es mag sie doch überrascht haben, dass ein überregionales, ja internationales Interesse an der Rettung von „Ampère V" bestand.

Was kaum noch jemand weiß: Kettenschifffahrt gab es um die Wende vom 19. zum 20. Jahrhundert auf zahlreichen europäischen Flüssen. Dafür brauchte man zweierlei, nämlich eine kilometerlange, schwere Eisenkette im Flussbett sowie ein Schiff mit einer Führungsschiene über die ganze Länge des Rumpfs und eine große Trommel mittschiffs an Deck. Die Trommel drehte sich, spulte die Kette auf und wickelte sie wieder ab, und so zog sich ein Kettenschiff mit wenig Kraftaufwand und ganz ohne Schraube an dieser Kette den Fluss hinauf oder hinunter. Der Vorteil dieses Verfahrens bestand unter anderem darin, dass ein Kettenschiff nicht vom Kurs abkommen konnte. Die längste Kette, die jemals ausgelegt wurde, lag auf dem Grund der Elbe. Sie maß 745 Kilometer und reichte

Das seltsamste, um nicht zu sagen sensationellste Relikt der Loireschiffahrt –
das Kettenschiff von St. Leger les Vignes mit dem allzu nüchternen Namen
„Ampère V".

von Hamburg bis in die Tschechoslowakei. Auf der Loire aber hatte
es, soviel ich wusste, niemals Kettenschifffahrt gegeben.

Ein Irrtum. Bei Décize münden diesseits und jenseits der Loire
zwei Kanäle in den Fluss, und wer vom einen in den anderen
wechseln wollte, musste auf der Loire zwei Kilometer zurückle-
gen. Dazu waren die meisten Kähne aber nicht in der Lage, weil
sie gar keinen Antrieb hatten und noch in den fünfziger Jahren
von Eseln oder Maultieren getreidelt wurden. Und jetzt kommt
„Ampère V" ins Spiel. Von 1931 bis 1975 holte dieses Schiff die
Kähne an dem einen Kanalende ab und schleppte sie über die
Loire zur Einfahrt des anderen. Erst in den siebziger Jahren kam
die Kanalschiffahrt mit diesen alten, kleinen Kähnen in ganz
Frankreich zum Erliegen, und für „Ampère V" gab es nichts mehr
zu tun. Heute wirkt er etwas verloren auf seinem Ehrenplatz neben
der Straße. Aber eine Sensation ist er dennoch.

Die Belle Époque lebt!

Es gibt in Frankreich die Unsitte, montags nicht nur die Restaurants, sondern auch die Hotels zu schließen. Von den drei Herbergen, die ich an diesem Montagabend im Umkreis von Décize ansteuere, ist keine geöffnet, und die vierte ist belegt. Immerhin gibt sich die Chefin der vierten alle Mühe, mir ein Zimmer in nicht allzu großer Entfernung zu verschaffen. Sie wälzt Telefonbücher, sie ruft an, sie wird in Bourbon-Lancy fündig und reserviert für mich im *Manoir de Sornat*.

Die Dunkelheit ist längst hereingebrochen, als ich Bourbon-Lancy erreiche. Nicht ausgeschlossen, denke ich, dass das Abendessen heute ausfallen muss. Wenigstens ist der Weg zum *Manoir de Sornat* ausgeschildert. Ich folge einer breiten Allee, werde in eine Art Park gelotst, halte vor einem erleuchteten Gebäude an – und finde mich an die Küste der Normandie versetzt. Das Hotel entpuppt sich als normannischer Herrensitz von beträchtlichen Ausmaßen, mit allem, was dazugehört, Fachwerk, Balkone, Türmchen und Spitzgiebel. Und drinnen? Eine weite Halle mit einer herrschaftlichen Treppe und ganz und gar eichenholzgetäfelt – ein bürgerliches Schloss. Als ich den Speisesaal betrete, danke ich den Hoteliers von Décize für ihre Sturheit. Der große, hohe Raum ist festlich erleuchtet. Vom kostbaren Intarsienparkett bis zu den Kandelabern beschwört hier alles den Luxus einer vergangenen Epoche. Und der Küchenchef beweist, dass sich das Glücksgefühl noch weiter steigern lässt. Ich bestelle eine Terrine Ligerienne aus Loirehecht, gehe dann zu einer Kombination aus gekochtem Zander, Rotbarsch und Stockfisch mit drei verschiedenen Gemüsepüreebällchen ganz ohne Sauce über und beschließe die Mahlzeit mit einer Soupe de Pêches – und habe endlich einmal nicht das Gefühl: „Rien ne va plus." Offenbar ging es dem Koch weniger darum, zu sättigen, als in einen Zustand uneingeschränkter Zufriedenheit zu versetzen.

Was Gérard Raymond, der Chef des *Manoir de Sornat*, bestätigt. „Ich koche für Leute, die eigentlich keinen Hunger haben und sich doch ernähren müssen", sagt er, als wir am nächsten Morgen in der großen Halle beisammensitzen. „Diesen Menschen tut man mit großen Portionen keinen Gefallen. Sie brauchen etwas

Alles edel und ein bisschen exzentrisch – das Manoir de Sornat in Bourbon-Lancy, ein Herrenhaus im normannischen Stil.

Leichtes, Frisches. Etwas weniger Fleisch, etwas mehr Gemüse. Glauben Sie mir, es ist nicht immer einfach, seinen Gästen Gemüse aufzutischen. Aber ich finde, dass ein Gast nach zehn Jahren Restaurantbesuch gesünder aussehen sollte." Als ich das Wort „Terroir" fallen lasse, schüttelt er den Kopf. Die Produkte des Terroirs können auch schlecht oder langweilig sein, entgegnet er. „Sehen Sie, ich habe das Kochen von der Pike auf gelernt, in Paris und Genf, habe dann meinen Militärdienst bei der Marine absolviert, bin bis nach Tahiti gekommen und habe später Restaurants in Hongkong und Marokko beraten. Dort habe ich Geschmacksrichtungen entdeckt, die mich weit mehr interessieren als die regionale Küche. Man muss nicht immer Täubchen mit Erbsen kochen oder Zander mit Schalottenbutter. Mich reizt es, eine glasierte Taube nach chinesischer Art anzubieten. Oder einen Zander mit Zitronenmelisse, Curry und Pfeffer, wie in Thailand." Nicht alle seine Kunden am Ort seien davon begeistert, aber er bleibe trotzdem bei seinem kulinarischen Kurs. Die Arbeit an den Texturen fasziniere ihn derzeit am meisten. Im Augenblick versuche er, hier und da die Saucen wegzulassen und den Speisen durch feine Pürees die nötige Feuchtigkeit zu verleihen. Das Terroir spiele da als Inspirationsquelle eine untergeordnete Rolle. „Schließlich leben wir im 21. Jahrhundert."

Gérard Raymond in seinem Gemüsegarten. „Man muss nicht immer Täubchen mit Erbsen kochen oder Zander mit Schalottenbutter", sagt er. „Mich reizt es, eine glasierte Taube nach chinesischer Art anzubieten."

Nicht nur seine ausgezeichnete Küche, auch die Geschichte dieses ungewöhnlichen Gebäudes bestätigt, dass es Gérard Raymond an Fantasie nicht mangelt. Wie er erzählt, war das Haus um 1900 von einem vermögenden Offizier der Kavallerie erbaut worden, im anglo-normannischen Villenstil, der ganz dem Geschmack einer feinen Gesellschaft entsprach, die für die Badeorte der normannischen Küste schwärmte. Bourbon-Lancy war in jenen Tagen ein vornehmer Thermalkurort mit eigenem Kasino, ein kleines Vichy, und der Erbauer fand es angebracht, neben dem Haus eine Pferderennbahn anzulegen, mit Tribünen ebenfalls im normannischen Stil. Sie galt als die schönste in ganz Burgund. Das Haus erlebte eine glänzende Zeit mit rauschenden Siegesfeiern – und verfiel, als das Vermögen der Eigentümer nach dem Zweiten Weltkrieg aufgezehrt war.

1988 kam Gérard Raymond nach Bourbon-Lancy und verliebte sich augenblicklich in dieses Gebäude – oder das, was davon übrig war. „Es war alles nur noch zu erahnen", erinnert er sich, „und man konnte sich nur mit einer Machete Zugang verschaffen. Alles war mit Brombeersträuchern überwuchert. Jeder beschwor mich, die Finger davon zu lassen." Wodurch er sich nicht beirren ließ. Es zeigte sich, dass beim Bau nur Materialien von bester Qualität verwendet worden waren, und nach kolossalen Anstrengungen – es gab zunächst weder Wasser noch Strom – gelang es ihm, alles wieder so herzurichten, wie es einmal war, einschließlich des kostbaren Parketts im Restaurant.

Wir Loirereisende verdanken seiner Unbelehrbarkeit eines der schönsten Hotels am Fluss. Und die Sache hat sogar noch einen Clou. Wer sich bei der Abreise noch einmal nach rechts umwendet, entdeckt dort eine Merkwürdigkeit: einen gewöhnlichen Sportplatz mit zwei gewöhnlichen Fußballtoren und einer Zuschauertribüne im anglo-normannischen Stil.

Zander à la Manoir de Sornat
ZUBEREITET VON DEM KÜCHENCHEF
GÉRARD RAYMOND AUS
Le Manoir de Sornat IN BOURBON-LANCY

WEINEMPFEHLUNG
ein Pouilly fumé von alten Rebstöcken

ZUTATEN FÜR 4 PERSONEN
½ Weißkohl, Butter, Salz, 15 cl Orangensaft, 15 cl Ananassaft,
15 cl Portwein, 20 g frischer Ingwer, 1 Stengel Zitronenkraut,
1 Teelöffel Kurkumapulver, 3 g roter Thai-Curry, Saft einer Zitrone,
25 cl Sahne, 1 Zander (800 bis 1000 g), filettiert und ohne Haut

ZUBEREITUNG IN 50 MINUTEN:
Den Weißkohl in feine Streifen schneiden und mit Butter, Salz
und 1 Esslöffel Wasser dünsten. Dann Orangensaft, Ananassaft,
Portwein, klein geschnittenen Ingwer, gezupftes Zitronenkraut,
Kurkumapulver und roten Curry in eine Kasserole geben. Auf
¾ seines Volumens einkochen, dann den Zitronensaft zugeben.
Aufkochen, die Sahne zufügen und köcheln lassen. Salzen, in
einem Sieb abtropfen lassen und im Wasserbad warm halten.
Das Zanderfilet vierteln und nach Müllerin Art sanft braten, bis
sie goldbraun sind. Aus der Pfanne nehmen, mit Küchenpapier
abtrocknen und auf 4 vorgewärmten Tellern mit dem Kohl
anrichten.

Vom Bistro zum Gourmettempel

Niemand würde Roanne für ein romantisches Nest halten. Zwar gibt es einen hübsch herausgeputzten Rathausvorplatz mit der Skulptur der gekrönten Dame Roanne, die rudernd auf dem Bug eines Kahns sitzt und gemäß dem Stadtmotto „Crescam et lucebo" (Ich werde wachsen und strahlen) zuversichtlich in die Ferne schaut, aber das Stadtbild wird von Wohnblocks aus den sechziger Jahren beherrscht, als Roanne vor allem von der Waffen-produktion lebte.

Das Ausgefallenste hier ist wohl der Gourmettempel der Brüder Troisgros. Die beiden Starköche waren die großen Vorbilder von Gérard Raymond und die Verfasser seines ersten Kochbuchs. „Man kann sie nur bewundern", hatte Raymond gesagt. „Sie haben mit einem kleinen Bistro gegenüber dem Bahnhof angefangen und eins der besten Restaurants Frankreichs daraus gemacht. In Roanne! Wer kennt schon Roanne? Und jetzt existiert es bereits in der zweiten Generation." Was mich betrifft – ich ziehe für heute eine Kneipe am Loireufer vor, wo mir die Nierchen von der Wirtin mit einem siegesgewissen Lächeln serviert werden. „Ausgeschlossen, dass Sie das nicht mögen werden", bedeutet dieses Lächeln.

Roanne mag das Aschenputtel unter den Loirestädten sein. Aber bekanntlich ist es die Gestalt des Aschenputtels, die unsere Anteil-nahme weckt, und Roanne hat mich immer wegen seiner Ver-gangenheit als Hafenstadt für sich eingenommen. Hier begann und hier endete die Loireschifffahrt, weiter südlich kam man auf diesem Fluss nicht. Heute legen in dem großen Hafenbecken von Roanne nur noch Freizeitschiffer an, aber es ist keine zehn Jahre her, dass ich hier mit Kapitän Berthieu ein paar Gläser Pastis in der *Galleone* getrunken und der Geschichte eines Lebens zugehört habe, das sich im Wesentlichen auf französischen Kanälen abgespielt

Der Hafen von Roanne. Einst starteten von hier aus behäbige Kohlekähne zu ihren Reisen über die französischen Kanäle bis Belgien und Deutschland. Heute ist er ein Treffpunkt von Freizeitkapitänen.

hatte. Berthieu gehörte in die lange Reihe von Binnenschiffern, für die Roanne auch die Endstation ihres irdischen Daseins bedeutete, weil sie, unverheiratet, den Lebensabend unter ihresgleichen im Armenhaus der „Petits sœurs des pauvres" unweit vom Hafen verbringen wollten.

Der Gesang der Loireschiffer

Von Roanne aus rufe ich Marie und Serge Chachkine an, die wenige Kilometer flussaufwärts am ersten Loirestausee wohnen. „Darf ich so unhöflich sein und schon um 14 Uhr kommen?", frage ich Marie, die ans Telefon kommt. „Du darfst sogar noch unhöflicher sein und schon um 13 Uhr zum Mittagessen kommen", antwortet sie.

Marie und Serge Chachkine gehören zu den gastfreundlichsten Menschen, denen ich je begegnet bin. Aber vielleicht kann man sich ein solches Maß an Gastfreundschaft nur erlauben, wenn man so schwer zu finden ist wie diese beiden. Sie sind praktisch unauffindbar in ihrem Schloss an einem Steilhang über dem Loire-Stausee von Villereste. Aber wenn man einmal da ist ... Allein die Geschichte dieses Schlösschens: Früher stand es unten am Fluss, ihr Lust- und Märchenschloss, eigenhändig erbaut. Und dann, als der Stausee angelegt wurde, haben sie es Stein für Stein genauso eigenhändig abgetragen und oben am Hang, in traumhafter Lage, wieder neu errichtet. Hier wohnen sie, eingehüllt in Vogelgezwitscher, und machen, wenn ihnen nach Arbeit ist, erotische Kunst: Serge malt, Marie stellt Fayencen her, Teller und Schüsseln mit mythologischen Beischlafszenen und, gelegentlich, Episoden aus der Loireschifffahrt. Von ihnen habe ich gelernt, dass die Loire einst auch oberhalb von Roanne befahren wurde, nämlich von schlanken Kohlekähnen, die die wilde, halsbrecherische Passage durch die Loireschluchten riskierten. Die Inschrift auf einer von Maries Schüsseln lautet: „Dies ist der Gesang der Loireschiffer. Wenn sie in die Schlucht von St. Maurice eintauchten, wo jede Klippe, jeder Felsen seinen eigenen Namen trug, dann stimmten sie Gesänge an gegen das Rauschen der schwarzen, rossgeschweiften Fluten, um sich zu vergewissern, dass sie noch am Leben waren. Und so ging es von St. Lambert bis Roanne." „Sie sangen", hatte mir Marie erklärt, „aber sie fürchteten sich auch. Und manchmal fluchten sie mehr als sie sangen. Sie stießen sich bei ihrem Ritt über die Wellen mit Stangen von den Felsen ab und hatten großes Glück, wenn sie durchkamen."

An herrlichen Spätsommertagen wie diesem trägt das tiefgrüne Wasser des Stausees unten zur unwirklichen Schönheit dieses Ortes

Marie und Serge Chachkine bewohnen ihr eigenes Märchenschloss hoch über der Loire. Viele von Maries Fayencen sind Liebeserklärungen an diesen Fluss.

bei. Aber Serge bedauert nach wie vor, dass man den Kampf gegen diesen Stausee seinerzeit verloren hat. Nicht nur wegen der Algen, die sich alljährlich im Hochsommer unter der Wasseroberfläche bilden und einen übel riechenden Schleim produzieren. Auch, weil eine der größten Höhlensiedlungen Europas dort unten in den Fluten versunken ist. Was hatte man in diesen Höhlen nicht alles gefunden, sogar primitive Haken für den Lachsfang! „Und Jahrtausende später haben auch wir noch mit dem Fluss gelebt", sagt Serge. „Unser Sohn ist täglich mit dem Boot ans andere Ufer zur Schule gefahren. Und nach jedem Hochwasser wurde das angespülte Holz gesammelt, als Brennholz." Dann zeigt er mir ein silbergraues, knopfgroßes Metallplättchen, dem auf der einen Seite ein Kopf, auf der anderen ein Pferd eingeprägt ist. „Dies hier habe ich damals beim Pilzesammeln gefunden. Eine römische Münze. Da unten muss eine gallische Siedlung gewesen sein. Genauso untergegangen wie alles andere hier."

Manchmal erlaubt er sich beim Gedanken an den verfluchten Staudammbau immer noch einen Anflug von Melancholie. Aber nur kurz. Er ist ein lebensfroher Mensch. Und er wird es mir nicht verübeln, wenn ich vermute, dass solch ein Anflug an keinem Ort dieser Welt leichter zu ertragen wäre als auf dem sonnenlichtüberfluteten Balkon seines privaten Märchenschlosses.

Es war einmal …

Der Besuch bei Serge und Marie ist für mich stets so etwas wie die Eintrittskarte in eine andere Welt, denn von nun an ändert die Loire ihren Charakter gründlich. Eine großartige Berglandschaft aus sattem Grün empfängt einen, mit Nadelwäldern, windzerzausten Kiefern, einer endlosen Folge von Bergkegeln und Dörfern, aus braunen Basaltbrocken erbaut – die Auvergne. „Kurven auf elf Kilometer" warnt ein Schild am Straßenrand. Das ist eine Untertreibung. „Kurven auf zweihundert Kilometer" müsste es heißen.

Allerdings, bei aller Schönheit – diese Welt der Bergdörfer ist eine sterbende. Sie ist es überall in Europa, sie ist es auch hier. Das wurde mir klar, als ich in den neunziger Jahren mit Marie Rose sprach. Sie war damals 82 Jahre alt, lebte in einem halbverlassenen Weiler im tief eingeschnittenen Tal der Loire und wusch ihre Wäsche noch im Fluss. Ich habe damals mein Gespräch mit ihr aufgezeichnet und gebe es hier wieder, weil darin eine Lebensform aufscheint, von der wir bei einer Fahrt durch dieses Land bloß noch die leere Hülle zu sehen bekommen. Marie Rose sprach stockend und fast unerträglich wehmütig, mit einer Heimatliebe, die das Ergebnis eines sehr harten Lebens war. „Bei uns im Dorf wurde die Wäsche der ganzen Gegend gewaschen", erzählte sie. „Viele Frauen kamen von den Bergen herunter, weil die Loire direkt an unserem Haus vorbeifloss. Sie machten ein Feuer, um das Wasser in den riesigen Kesseln zu kochen. Dann wuschen sie Ihre Wäsche im Fluss und breiteten hinterher die Stücke überall auf der Wiese aus. Dabei sangen sie. Und zum Schluss tranken sie ein gutes Viertel Wein und aßen Wurst dazu. Jetzt ist all das verschwunden …

Damals wurde noch gefeiert und getanzt. Wenn wir ausgingen, dann war da ein Ziehharmonikaspieler. Und am Abend des Johannistages wurde ein großes Feuer gemacht. Wir sangen dabei alte Volkslieder. Dann sprangen die Mädel und die Jungs über das Feuer, zuerst die Mädel, dann die Jungs. Wenn es eine nicht schaffte, dann würde sie nicht heiraten, so erzählte man sich. Ich bin immer am Rand gesprungen, weil ich Angst hatte, mein Kleid zu versengen. Dann hätte meine Mutter geschimpft. Damals ging man streng mit uns um. Aber es war eine gute Gelegenheit, einen Mann zu finden. So haben viele den Richtigen getroffen.

Der letzte Akt des wunderbaren Schauspiels der Loire spielt in einer traumhaft schönen Landschaft, der Auvergne.

Im Winter war es schwer, in die Schule zu kommen. Wir gingen trotzdem hin, weil wir Stiefel hatten. Wir aßen den Schnee. Heute wollen die Kinder gefahren werden. Vielleicht hielten unsere Stiefel damals mehr aus als die von heute. Wir brachten unser Mittagessen in die Schule mit. Die Lehrerin hat es auf dem Ofen im Klassenzimmer für uns gekocht. Und jeden Tag wartete meine Hündin auf mich und begleitete mich auf dem Heimweg.

Früher wurde auf dem Land im Sommer viel gearbeitet. Wir standen zeitig auf, wir gingen spät ins Bett. Mein Sohn hütete oben die Kühe und hatte viel Spaß dabei. Aber man musste die Kinder früh loswerden. Man konnte sie nicht ernähren. Mein Großvater war Schmied, doch die halbe Zeit wurde er gar nicht bezahlt. Es war kein Geld da. Aber es wurde viel gelacht, gesungen und erzählt ... Heute sind alle misstrauisch geworden. Das Geld ist an allem schuld. Das Geld schadet den Leuten ... Damals wurde noch gefeiert und getanzt ... Jetzt ist alles vorbei ... Dieses Land war so wunderschön ..."

Schwarze Madonna, grüne Linsen

Bis man nach Le Puy kommt, hat man stundenlang eine beeindruckende Landschaft von strotzendem Grün in sich aufgenommen, aber schon tagelang keine richtige Stadt mehr gesehen. Auch Le Puy ist keine wirklich große Stadt, kann es aber an Sehenswürdigkeiten und Geschichte mit jeder anderen Loirestadt aufnehmen. In ihrem pompöseren französischen Teil auf der Talsohle ist sie eher belanglos, aber wo sie ansteigt, in ihrem alten auvergnischen Teil, ist sie so spektakulär, dass höchstens Nantes sich mit ihr messen kann. Hoch und schmal sind die Wohnhäuser, eng die gepflasterten Gassen, steil die zahlreichen Treppen, und alle Fassaden sind in gedämpften Farben gehalten, blassviolett, graugelb, zartrot. Und hoch oben, über allen Dächern, thront die Kathedrale wie eine Fata Morgana.

Je näher man dieser Kathedrale kommt, desto zahlreicher werden die Herbergen, die großen Stadthäuser des Adels, die Niederlassungen der Mönchsorden und die Speicher, durch deren Torbögen, heute vermauert, einst die Pferdewagen und Ochsenkarren rumpelten mit dem Proviant für die gewaltigen Pilgermassen, die sich hier drängten und schoben und den Weg zur Kirche verstopften und froh waren, einen Blick auf den Priester zu erhaschen, der unter dem Dach der Vorhalle die Messe zelebrierte für alle, die draußen, dem Wetter ausgesetzt, der Gnade teilhaftig werden wollten. Wem es aber gelang, bis in die Kirche vorzudringen, der fand sich am Ende einer Treppe genau unterhalb des Altars wieder und brachte es womöglich fertig, der berühmten schwarzen Madonna von Le Puy ansichtig zu werden, bevor er weitergestoßen und wieder hinausgedrängt wurde.

Le Puy, das war bis zur Revolution die Stadt der Jungfrau. Ursprünglich hatte sie sich im Umkreis einer heidnischen Kultstätte entwickelt, in keltischer Zeit. Im 4. Jahrhundert dann lenkten die Christen die religiösen Energien in die von ihnen gewünschte Richtung, die Jungfrau ließ sich blicken, und bald setzte eine Marienwallfahrt nach Le Puy ein, die später in der mächtigeren Wallfahrtsbewegung nach Santiago de Compostela aufging. Das ganze Mittelalter hindurch war hier jedenfalls ein Kommen und Gehen von frommen Menschenmassen wie in Jerusalem oder in

Rom. Und natürlich hatten alle bedeutenden Mönchsorden in der Oberstadt, dem heiligen Bezirk, ihre Dependencen, in diesem Labyrinth aus schwarzbraunen Mauern, hinter denen sich auch das Pilgerhospiz, die Pilgerherbergen und die Residenz des Bischofs befanden. Dann brach die Revolution über die Stadt und ihre Jungfrau herein. Vier Jahre hat es gedauert, bis der revolutionäre Funke übersprang, denn die Auvergne war eine erzkonservative Region, aber dann erhoben sie sich doch, die armen Bauern der Umgebung, die im Dienst der großen Abteien standen, und auf dem Rathausplatz wurde eine Guillotine errichtet und die schwarze Madonna aus der Kathedrale kurzerhand verbrannt. Sie hat sich aber gerächt. Nach der Revolution verblasste der Ruhm von Le Puy nämlich, der Ort dämmerte hinfort als kleine Provinzstadt vor sich hin, und da half es auch nichts, dass eine neue, schwarze Madonna der alten auf dem Altar nachfolgte. Le Puy hatte seine Seele verloren.

Und dennoch baut sich noch heute eine Spannung auf, wenn man den steilen Weg zu der imposanten romanischen Kathedrale hinauf beschreitet, unter den drei hohen Portalen hindurchgeht und die Vorhöfe durchquert, an Säulen aus rotem Marmor vorbei, jede Vorhalle düsterer als die vorherige, bis sich ein großes, schmiedeeisernes Tor öffnet, der Weihrauchanteil in der Atemluft zunimmt und man endlich das eigentliche Kirchenschiff durch eine schmale Seitentür betritt. So gewaltig die ganze Anlage von außen wirkt, so gedrungen kommt einem das Innere dieser Kirche nun vor. Der Magie dieses Ortes tut das keinen Abbruch. Man muss nur abends hier herkommen, wenn das warme Licht der untergehenden Sonne durch die bunten Fenster dringt und rote Kringel auf die dunklen Wände malt und ein letzter Sonnenstrahl die schwarze Madonna auf dem Altar trifft, dann würde man sich am liebsten im Schatten einer Säule vor dem Kirchendiener verstecken, der jetzt eine Pforte nach der anderen verriegelt, und sich für die Nacht hier einschließen lassen.

Natürlich macht man das dann doch nicht. Es ist ja auch nicht mehr die echte, die alte schwarze Madonna, von der man vielleicht gegen Mitternacht die eine oder andere Geschichte aus ihrer bewegten Vergangenheit erfahren würde. Nein, man wird sich stattdessen wohl eher ein Restaurant in der Oberstadt suchen, um

Vulkankegel, von romanischen Kirchen gekrönt – die alte Pilgerstadt Le Puy
gehört sicher zu den eigenwilligsten Städten Frankreichs.

herauszufinden, ob die berühmten grünen Linsen von Le Puy
hier womöglich noch besser schmecken als daheim. Rezepte für
Grüne-Linsen-Gerichte erhält man übrigens kostenlos im Frem-
denverkehrsamt der Stadt. Probieren Sie folgendes Rezept. Und
vergessen Sie nicht den Bourgueil dazu.

Salat aus grünen Linsen mit warmem Ziegenkäse
ORIGINALREZEPT AUS LE PUY

WEINEMPFEHLUNG
ein Bourgueil Grand Clos 2004
von Yannick Amirault

ZUTATEN FÜR 4 PERSONEN
300 g grüne Linsen, 1 Bouquet garni (Sträußchen aus Lorbeer,
Petersilie und Thymian), 3 Schalotten, 1 Karotte, 4 Scheiben Graubrot,
1 Knoblauchzehe, 4 Crottins de Chavignol (runder Ziegenweichkäse),
Kerbel

ZUTATEN FÜR DIE VINAIGRETTE
1 Teelöffel Senf, 2 Esslöffel Essig, 2 Essöffel Olivenöl,
5 Esslöffel Sonnenblumenöl, Salz und Pfeffer

ZUBEREITUNG IN 50 MINUTEN
Die Linsen mit dem Bouquet garni, den 3 Schalotten und der
gehackten Karotte 25 Minuten kochen (das Wasser im Topf sollte
der dreifachen Menge der Zutaten entsprechen). Abtropfen lassen.
Das Bouquet garni herausnehmen. Die Vinaigrette aus Senf,
Essig, Oliven- und Sonnenblumenöl, Salz, Pfeffer zubereiten
und unter die Linsen ziehen. Die Brotscheiben mit der Knoblauchzehe einreiben und auf jede Scheibe einen in zwei Hälften
geschnittenen Ziegenkäse legen. 2 Minuten im vorgeheizten
Ofen grillen, dann den Linsensalat damit krönen und mit frischen
gehackten Kerbelblättern garnieren.

Wie aus einem schaurig-schönen Traum

Keine hundert Kilometer mehr bis zur Quelle. Hier oben, im Gebiet der Ardèche, gibt es noch reine Bauerndörfer mit großen Höfen und Misthaufen vor der Tür, wo alles von Arbeit spricht, wo die Frauen Schürzen und Kopftücher tragen und abends die Kühe mit ausgebreiteten Armen und lautem Rufen in die Ställe dirigieren, die Männer mit Traktoren über Rampen in riesige Heuböden unter hochgewölbten Dächern fahren und die Hunde ungerührt im Straßenschlamm liegen bleiben, wenn man sich ihnen mit dem Wagen nähert. Das Wetter hat wieder gewechselt, und eine graue Wolkendecke schließt das Tal hermetisch gegen jeden Sonnenstrahl ab. Tief unten rauscht die Loire in ihrem schwarzbraunen Bett aus Vulkangestein. Eichelhäher stürzen sich von den Tannenwipfeln hinunter in die Schlucht. Kleine steinerne Wegkreuze ragen neben dem schmalen Asphaltband der Straße auf, mit rührend naiven Darstellungen des Gekreuzigten – wie alt mögen sie sein? Und dann taucht der Felsen von Arlempdes auf.

Für Arlempdes würde man sich noch schlechteres Wetter wünschen, eine Sturmnacht, eine Gewitternacht, und man selbst in einer Kutsche, die in der Loireschlucht dahinrumpelt, in fast völliger Finsternis den Windungen des Flüsschens folgend – plötzlich ein Blitz, der die bizarren Felszacken von Arlempdes beleuchtet und die Schatten der Raben ins Riesenhafte verzerrt, sie auf die senkrechten Felswände wirft. Es sind die Raben, die das schwarze Schloss umflattern, das mit Türmen und Zinnen aus dem Felsen zu wachsen scheint. Im nächsten Moment ist es wieder tiefe Nacht, erfüllt vom Rauschen der Loire und dem Heulen von Wölfen, sobald sich der Donner verzogen hat ... Wölfe gibt es hier ganz bestimmt. Dies ist eine Wolfsgegend. Auch wenn sich die Wirtin des Gasthofs von Arlempdes nicht daran erinnert, ihre Eltern jemals von Wölfen sprechen gehört zu haben.

Nun, die Lage von Arlempdes ist auch ohne Wölfe und Gewitternacht aufregend genug. Dörfchen und Burg werden auf drei

Die Auvergne wartet mit vielen bizarren Felsformationen auf. Der Felsen von Arlempdes mit seiner Burgruine zählt zu den spektakulärsten.

Seiten von der Loire eingeschlossen, hier ein munter plätscherndes Gebirgsflüsschen, und genau in der Mitte des Halbkreises, den sie beschreibt, kratzt sie an einer senkrechten abfallenden, in gereckten Steinfingern auslaufenden Felswand vorbei, mit tiefen Schrammen, als wären die Krallen eines urzeitlichen Monsters daran abgerutscht. Von der Burg ist allerdings, bei Tageslicht besehen, nicht viel mehr übrig als eine romanische Kapelle aus rotem Basalt, ein Turm und ein paar Mauerreste. Immerhin stößt man im Turm auf eine mittelalterliche Toilette, deren Konstrukteur ganz auf die Schwerkraft und die Aufnahmefähigkeit des Talgrundes gesetzt hat. Doch eine gut erhaltene Burg würde ohnehin den romantisch-schaurigen Eindruck schmälern, den dieser seltsame Felsen mit seinen Ruinenstummeln auf jeden macht, der unten am Flussufer vorbeifährt.

Das Schöne, Wahre, Gute unter einem Dach

Am nächsten Morgen scheint wieder die Sonne, aber hier, in über 1 200 Metern Höhe, bleibt es frisch. Weiter geht es, an der Loire entlang, die unten in ihrer Schlucht rauscht und gelegentlich auch poltert, auf engen Landsträßchen durch Tannenwälder oder eine weit ausschwingende, offene Landschaft, in der einem das Herz aufgeht und ein Gefühl der Freiheit sich in die Seele einschleicht. Endlich ist man einmal der modernen Zivilisation entronnen. Hier oben gibt es nur Himmel und freie Sicht auf kahle Vulkankegel in der Ferne. Selbst die nähere Umgebung der Dörfer ist von Hotelanlagen und Ferienhaussiedlungen verschont geblieben. Immerhin hat jeder Ort sein Familienrestaurant – manchmal gleich unten am Fluss, oftmals in hinreißend schöner Höhenlage –, wo man für wenig Geld ein deftiges Essen und einen ordentlichen Wein bekommt. Wer allerdings noch ein letztes Mal vor dem Ziel außergewöhnlich gut essen möchte, der muss bis Rieutord durchfahren, etwa zwanzig Kilometer unterhalb der Quelle, und in die *Ferme de la Besse* einkehren.

Sie ist nicht leicht zu finden, kündigt sich auch in der Ortsmitte nicht groß an, was für eine solide Stammkundschaft spricht. Hat man die *Ferme de la Besse* aber hinter einem steinernen Portal am Hang entdeckt, steht man staunend vor einem wahren Prachtexemplar von Bauernhaus aus dem 15. Jahrhundert, aus Granitquadern erbaut. Der Küchenchef Gérard Méjean zeigt einem gern den riesigen Speicher mit der uralten Balkenkonstruktion, in dem einst Brennholz und Heu für die endlos langen, bitterkalten Wintermonate gelagert wurden. „Viele dieser Höfe hatten nur einen einzigen Wohnraum", erzählt er, „Küche, Stube und Schlafzimmer in einem. Da hingen die Würste und Schinken von der Decke. An der Außenwand befand sich ein kolossaler Kamin, in dem das halbe Jahr über fast ununterbrochen ein Feuer loderte, und auf der Innenseite war eine dünne Bretterwand, hinter der man das Vieh schnauben hörte. Das gab Wärme von beiden Seiten. Aber irgendwann im Herbst reichte das nicht mehr, da zogen die ärmeren Familien aus ihrem Alkoven an der Bretterwand aus und betteten sich bis zum nächsten Frühjahr zu ihrem Vieh in den Stall. Die

Die *Ferme de la Besse* aus dem 15. Jahrhundert ist das Prachtexemplar eines Au-
vergne-Bauernhofs. Heute beherbergt sie das beste Restaurant weit und breit.

Winter waren früher so schneereich und eisig, dass mancher sein
Haus nur noch durch den Kamin verlassen konnte. Und die Verstorbenen blieben mit ihren Särgen monatelang auf den Dächern
liegen, bevor sie im Frühling endlich bestattet werden konnten."
    Gérard Méjean ist hier geboren und alt genug, um das alles selbst
erlebt zu haben. Er hat auch diesen Hof noch bewirtschaftet, bis er
der ständigen Befehle und Maßregeln aus Brüssel überdrüssig war
und Koch wurde. Sein Speiseraum ist ein schönes Beispiel für die
energiesparende, traditionelle Bauweise der Ardèche: eine niedrige
Gewölbedecke aus leichten Basaltquadern, dicke Granitmauern
mit winzigen schießschartenähnlichen Fenstern und ein riesiger
Kamin, der beinahe ein Viertel des Raums einnimmt. Fast fühlt
man sich hier als Gast einer barocken Geheimgesellschaft, die in
einer romanischen Krypta zu tafeln pflegt. Und da Gérard Méjean
heute, am Sonntagmittag, keine Gäste erwartet, setzt er sich zu mir,
lässt seinen Sohn kochen und seine Frau Eliane dafür sorgen, dass
uns der Wein nicht ausgeht, und erzählt. „Terroir? Das bedeutete
für uns früher im Sommer Wurst und Forellen", sagt er, „und im
Winter Schweinemagen, gefüllt mit Kohl. Das war eine kräftige
Küche, aber nicht gerade abwechslungsreich. Wir hatten sogar
unseren eigenen Wein. Clinton hieß er und wurde etwa dreißig
Kilometer talwärts angebaut. Mir hat er immer gut gefallen, mit

Gérard Méjean, der Küchenchef der *Ferme de la Besse*, ist Autodidakt. Nie hat er anderswo gearbeitet als hier, in seinem Elternhaus unterhalb der Loirequelle.

seinem Heidelbeergeschmack. Aber dieser Wein hatte seine Tücken. Er soll depressiv gemacht haben. Vor fünfzig Jahren jedenfalls haben die Winzer dort aufgegeben."

Sein Sohn kommt mit einem vergnügten Lächeln aus der Küche und serviert uns als Vorspeise ein samtweiches, leicht süßes Süppchen aus Esskastanien. Méjean langt beherzt zu – und erzählt unterdessen weiter. „Die Bauern hier hatten im Winter immer einen großen Vorrat an Kastanien, Wein und Stockfisch im Haus. Stockfisch wird heute kaum noch gemacht, aber Kastanien werden nach wie vor fleißig gesammelt. Und Pilze … Hier finden Sie alles, Morcheln, Pfifferlinge, Schafsfuß, Steinpilze … Für jemanden wie mich, der Wert auf exzellente Grundstoffe legt, ist dies eine großartige Gegend." Wofür die nächsten beiden Gänge den schlagenden Beweis liefern: zunächst Steinpilze in einer Marinade aus Olivenöl, Gewürzen und Äpfeln, dann eine Terrine aus diversen Pilzen in Steinpilzsauce, schaumig und ungemein wohlschmeckend, zart wie ein Soufflé. Für ihn, sagt Gérard Méjean, sei eine regionale Küche das einzig sinnvolle Konzept. Er arbeite fast nur mit dem, was dieses Land hergebe, was es immer schon hergegeben habe, und zwar im Rhythmus der Jahreszeiten, und versuche dann zu demonstrieren, was man aus diesem begrenzten Rohstoffangebot mit etwas Fantasie alles machen könne.

„Zu uns kommen ja viele Leute, die durchaus wohlhabend sind, aber die Einfachheit lieben", sagt er. „Leute, die ständig auf der Suche sind nach authentischen Orten, authentischen Menschen und authentischer Küche. Entweder, sie nehmen den langen Weg zu uns hier oben in Kauf, oder sie gehören zu den Städtern, die vor der Konsumgesellschaft geflohen und zu uns aufs Land gezogen sind, wie das viele nach 1968 gemacht haben. Sie wollen wieder ernsthafter leben und ihre Kinder in einer gesunden Umgebung erziehen. Das mag eine Mode sein, aber wir sind die Nutznießer."

Madame Méjean öffnet jetzt einen kräftigeren Côte du Rhone, während ihr Sohn zwei Schalen hereinbringt – in der einen gebratene Lammkeule, in der anderen ein gut gewürztes Ragout aus der Lammschulter, das Ganze mit einer Beilage aus Apfelschalotten. Und weiter geht es mit dieser wunderbaren Henkersmahlzeit des letzten Reisetags. Ob er seine Laufbahn auch in den Restaurants großer Städte begonnen habe, frage ich ihn. Gérard Méjean setzt das vorsichtige Lächeln der Bergbewohner auf. Nein, sagt er. „Ich habe das Kochen nie ordentlich gelernt. Ich habe nie in Bordeaux oder Lyon gearbeitet. Ich habe Rieutord in meinem Leben kaum verlassen. Aber ich bin mit vielen Köchen befreundet, und von jedem habe ich etwas Neues gelernt. Ich habe halt gut zugehört ..."

Bei einem Kuhmilchkäse angelangt, mürbe und zart und von außen wie mit hellgrauen Flechten überzogen, muss auch ich ihm abschließend ein Geständnis machen. In Angers, erzähle ich ihm, habe mir ein Küchenchef gesagt, der Genuss am Essen bestehe aus drei Teilen: erstens aus der Gesellschaft, in der man speist, zweitens aus der Zeit, die man sich nimmt, und drittens aus der Kunst des Kochs. „Ich habe auf meiner Reise in vielen guten Restaurants gegessen, Monsieur, aber auf die angenehme Gesellschaft habe ich bisher stets verzichten müssen. Der volle Genuss war mir erst heute vergönnt, am Ende meiner Reise, in der *Ferme de la Besse*, bei Ihnen."

Expedition zur Quelle der Loire

Normalerweise ist es so: Eine geheimnisvolle Macht zwingt uns Menschen, die Quellen von Flüssen zu suchen. Solange wir nicht zweifelsfrei bestimmt haben, wo genau ein Fluss entspringt, geben wir keine Ruhe. Die alten Griechen zum Beispiel fragten sich, wo der Nil herkommt, die alten Römer schickten später eine Forschungsexpedition nilaufwärts, um diese Frage zu klären, und die Engländer Burton und Speeks lösten das Rätsel endlich im 19. Jahrhundert. Es scheint eine unwiderstehliche Leidenschaft zu sein, den Ursprung von Flüssen zu erkunden. Bei der Loire allerdings muss es anders gewesen sein. Da ist die Wahrheitsliebe offenbar nie so weit gegangen. Die Loire hat nämlich eine „wahre" Quelle und eine „wirkliche" Quelle, aber keine von beiden ist die tatsächliche Quelle.

Unbezweifelbar steht lediglich fest: Die Loire entspringt in etwa 1 500 Metern Höhe am Gerbier de Jonc, einem runzligen, asphaltgrauen Vulkankegel mit einer Halskrause aus Geröll. Sein Alter wird mit 6 300 000 Jahren angegeben. Aus eigener Erfahrung kann ich hinzufügen, dass die Luft hier oben frisch und würzig und manchmal beißend kalt ist, dass der Gerbier de Jonc zu mancher Stunde spurlos verschwunden, wie aus der Landschaft getilgt ist und weißlicher Dunst an seine Stelle tritt und dass man bei gutem Wetter von seiner Spitze aus einen fantastischen Blick hat – nach Osten, zur Rhone hin, erstreckt sich ein zerklüftetes Land aus schwarzen Tannenhängen und nackten Felskegeln, das zum Horizont in mehrfach gestaffelte Bergketten aus abgestuften Violetttönen übergeht. Nach Westen, zur Loire hin, breiten sich sanft geschwungene Hügel und liebliche, grüne Matten aus, als würde schon das bisschen Loirewasser genügen, die Landschaft zu verzaubern. Was jedoch die Quelle selbst angeht, muss hier leider von einem Machtkampf berichtet werden. Einem Machtkampf zwischen dem Eigentümer der wahren Quelle und dem Besitzer der wirklichen Quelle.

Die wahre Quelle befindet sich in einem alten Bauernhaus unmittelbar am Fuß des Gerbier de Jonc, und es kostet schon etwas Überwindung, den Wasserstrahl, der da aus einem Rohr in der Mauer in einen Holztrog schießt, für den Ursprung der Loire zu

Endlich am Ziel! Der mächtige Vulkankegel des Gerbier de Jonc markiert nachdrücklich den Anfangspunkt von Frankreichs längstem Strom.

halten. Aber vielleicht wird es von vielen Franzosen als schmeichelhaft empfunden, dass der allerfranzösischste Fluss – als einziger speist sich die Loire nur aus Quellen, die auf französischem Gebiet liegen – die Manierlichkeit besitzt, in der Zivilisation und nicht in der Wildnis zu entspringen. Jedenfalls fällt der Volksentscheid, der hier oben an jedem Wochenende stattfindet, eindeutig zugunsten der wahren Quelle aus, und der Wirt des etwas abseits liegenden Gasthofs *Zur wirklichen Quelle* hat das Nachsehen, obwohl der Tümpel auf seinem Grundstück erheblich mehr Ähnlichkeit mit einer Quelle aufweist als das Leitungsrohr der wahren Quelle.

Als ich vor Jahren den Pfarrer von St. Eulalie fragte, ob es für beide Quellen gute Gründe gebe, antwortete er amüsiert: „Für keine. Die tatsächliche Quelle liegt nämlich drei Kilometer nordwestlich des Gerbier de Jonc in unwegsamem Gelände. Kaum jemand wird sie kennen. Die Quelle direkt unterhalb des Gerbier de Jonc ist die kommerzielle Quelle. Sie wird von den Leuten die wahre Quelle genannt, aber davon fließt kein einziger Tropfen in die Loire. Das Wasser wird wieder zurückgepumpt, kaum dass es unter den Augen der Touristen in den Trog gelaufen ist, damit sie im Sommer nicht versiegt. Und die dritte, die sich die wirkliche Quelle nennt, fungiert zwar im Kataster offiziell als Quelle der Loire, speist aber nur ein Nebenflüsschen. Es gibt also drei Quellen von durchaus unterschiedlicher Vertrauenswürdigkeit, und als Theologe muss ich mit Bedauern feststellen, dass die Tatsachen in diesem Fall nicht nur gegen die Wirklichkeit, sondern auch gegen die Wahrheit sprechen."

Und weil mich damals das Entdeckerfieber packte und ich wenigstens für mich zweifelsfrei klären wollte, wo genau die Loire entspringt, machte ich mich auf den Weg. Es war eine Aufgabe für Trapper. An diesem Tag ging ein stechender, eiskalter Regen nieder, und ich arbeitete mich mit Mühe einen von Rinderherden zertretenen, aufgeweichten Hang zwischen Ginsterfeldern und Geröllhalden hinauf, immer in Hörweite eines sprudelnden, plätschernden, murmelnden Bächleins, das irgendwann unter den feuchten Tannen eines wenig einladenden Waldstücks verschwand. Ich hinterher. Als das Rinnsal nach diesem ungemütlichen Intermezzo wieder ins Freie trat und zwischen Gesteinsbrocken abtauchte, wähnte ich mich schon am Ziel, musste dann aber feststellen, dass es dahinter weiterging, bis es beinahe am höchsten Punkt des Bergrückens eine sumpfige, kreisrunde Mulde aus Moos- und Butterblumeninseln erreichte, wo es sich schnell verästelte und endlich glucksend im Boden verschwand. Den Gerbier de Jonc hatte ich längst aus den Augen verloren, doch als ich mich jetzt umschaute, ragte sein grauer Schädel über die Wipfel der Tannen, in Sonnenlicht getaucht. In diesem Augenblick beschlich mich ein kleines Triumphgefühl. Ich war drei Kilometern Loire gefolgt, die es offiziell gar nicht gibt. Was allerdings auf gar keinen Fall heißen soll, dass ich – verstehen Sie mich bitte nicht falsch – so weit gehen würde, den Ruhm eines „Entdeckers der Loirequelle" für mich in Anspruch zu nehmen.

Auf einem Pass unweit des Gerbier de Jonc markiert eine Hinweistafel die Wasserscheide zwischen Atlantik und Mittelmeer. Es haben also nur ein paar Kilometer gefehlt, und aus der Loire wäre ein unbedeutender Nebenfluss der Rhone geworden. Da kann man einmal sehen, wie viel Glück wir gehabt haben.

Heidelbeertorte
SPEZIALITÄT AUS DEM QUELLGEBIET DER LOIRE

ZUTATEN FÜR 4 PERSONEN FÜR DEN TEIG
125 g Puderzucker, Butter, 1 Ei, 1 Prise Salz, Mehl
ZUTATEN FÜR DEN BELAG
*6 Esslöffel Crème fraîche, 2 Eier, 80 g Puderzucker,
400 g Heidelbeeren*

ZUBEREITUNG IN 75 MINUTEN
125 g Puderzucker, Butter, Ei und eine Prise Salz verkneten,
dann das Mehl hinzugeben. Der Teig ist gut, wenn er leicht
bröselig wirkt, etwa wie feuchter Sand. Zu einem Klumpen
formen und in die gut gefettete Kuchenform geben, mit der
Hand gleichmäßig verteilen und andrücken. Das Ganze mit
Alufolie abdecken, damit die Ränder beim Backen einbrechen.
Im vorgeheizten Ofen bei 180 Grad 10 Minuten lang backen.
Die Alufolie abnehmen und den Teig weitere 5 Minuten
backen lassen. Die Crème fraîche, die Eier und den Puderzucker gut vermischen und den Tortenboden damit bestreichen.
Dann die gewaschenen und abgetrockneten Heidelbeeren
draufgeben. Die Torte bei 150 Grad 15 Minuten backen. In der
Form auskühlen lassen.

Die Wasserscheide auf einer Passhöhe unweit des Gerbier de Jonc. Die Loire hat sich, gottlob, dafür entschieden, gen Atlantik zu fließen.

Adressen

Weingüter / Weinhandlungen

Château de Fesles
Inhaber: Elisabeth Heidemanns und Bernard Germain
49380 Thouarcé
Tel.: +33 (0) 241 689 400 | Fax: +33 (0) 241 689 401
www.fr.fesles.com | loire@vgas.com

Maison Corabœuf
Inhaber: Claire und Bertrand Corabœuf
La Télachère | 49310 Vihiers
Tel.: +33 (0) 241 758 239 | Fax: +33 (0) 241 561 045
coraboeuf@wanadoo.fr

Domaine des Roches Neuves
Inhaber: Thierry Germain
Boulevard Saint Vincent 56 | 49400 Varrains
Tel.: +33 (0) 241 529 402
www.rochesneuves.com | thierry-germain@wanadoo.fr

Yannick Amirault
Pavillon du Grand Clos 5 | 37140 Bourgueil
Tel.: +33 (0) 247 977 807 | +33 (0) 247 979 478
www.yannickamirault.fr | info@yannickamirault.fr

Christian Martin
La Barre | 37270 Montlouis s/Loire
Tel.: +33 (0) 247 508 226

Faisanderie de la Ronce
Inhaberin: Stéphanie Maurin
Elevage 41 651 | 41220 Dhuizon
Tel.: +33 (0) 254 983 365

La Ferme de Port Aubry
Inhaber: Marguerite und Emmanuel Melet
Port Aubry | 58206 Cosne s/Loire
Tel.: +33 (0) 386 266 361 | Fax: +33 (0) 386 2695 00
www.portaubry.com | e.melet@wanadoo.fr

Domaine Masson-Blondelet
Inhaber: Michelle und Jean-Michel Masson
Rue de Paris 1 | 58150 Pouilly s/Loire
Tel.: +33 (0) 386 390 034 | Fax: +33 (0) 386 390 461
www.masson-blondelet.com | info@blondelet.com

Hotels

Le Grand Hotel
Rue René Gasnier 30 | 49190 Rochefort s/Loire
Tel.: +33 (0) 241 788 046 | Fax: +33 (0) 241 788 325

Chambre d'Hôte
Inhaber: Joy und Geoffrey Luff
Château Louy | 37140 Restigné
Tel.: +33 (0) 247 969 522
joy.luff@wanadoo.fr

Le Relais Fleuri
Inhaber: Philippe und Dominique Martin
Avenue de la Tuilerie 42 | 58150 Pouilly s/Loire
Tel.: +33 (0) 386 391 299 | Fax: +33 (0) 386 3914 15
www.lerelaisfleuri.fr | le-relais-fleuri-sarl@wanadoo.fr

Le Manoir de Sornat
Inhaber: Gérard Raymond
Route de Moulins | 71140 Bourbon-Lancy
Tel.: +33 (0) 385 891 739 | Fax: +33 (0) 385 892 947
manoir-de-sornat@wanadoo.fr

Restaurants

La Cigale
Place Graslin 4 | 44000 Nantes
Tel.: +33 (0) 251 849 494 | Fax: +33 (0) 251 849 495
www.lacigale.com | lacigale@lacigale.com

Auberge d'Eventard
Inhaber: Jean Pierre Maussion
Route de Paris Rond-point du Bon-Puits 23
49480 St. Sylvain d'Anjou (Angers)
Tel.: +33 (0) 241 437 425 | Fax: +33 (0) 241 348 920
www.auberge-eventard.com | contact@auberge-eventard.com

Auberge du XII. Siècle
Rue du Château 1 | 37190 Saché
Tel.: +33 (0) 247 268 877

Le Relais Fleuri
Inhaber: Philippe und Dominique Martin
Avenue de la Tuilerie 42 | 58150 Pouilly s/Loire
Tel.: +33 (0) 386 391 299 | Fax: +33 (0) 386 391 415
www.lerelaisfleuri.fr | le-relais-fleuri-sarl@wanadoo.fr

Ferme de la Besse
Inhaber: Eliane und Gérard Méjean
07510 Usclades et Rieutord
Tel.: +33 (0) 475 388 064 | Fax: +33 (0) 475 388 064
www.aubergedelabesse.com

Vita

Leo G. Linder wurde 1948 in Haan/Rheinland geboren. Er studierte Film und Kunstgeschichte an der Kunstakademie Düsseldorf sowie Geschichte und Spanisch an der Universität Düsseldorf. Von 1977 an arbeitete er als Kameramann, Drehbuchautor und Regisseur für verschiedene Fernsehsender und drehte mehrere Filme über europäische Flüsse, darunter zwei über die Loire. Seit 1989 hat er zahlreiche Bücher zu kunst- und kulturhistorischen Themen veröffentlicht. Ausgedehnte Reisen haben ihn vor allem nach Südeuropa, Mittel- und Nordamerika, Ostafrika und in den Oman geführt.